AF591937

INVENTAIRE
Vm8 28

Éléments

DE MUSIQUE

PAR

Jules Barlet

Membre de la Société Philharmonique d'Arras

Vm

ARRAS.

1853

Éléments

DE MUSIQUE

Jules Barlet

Membre de la Société Philharmonique d'Arras

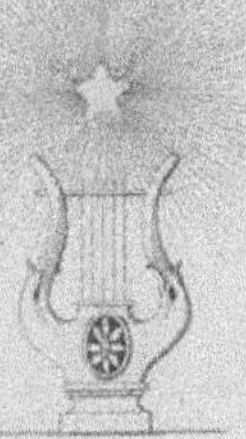

ARRAS.

1857

Arras lith. de G. LIMOUSIN

Vm⁸ 29

AVERTISSEMENT.

Dans ce Traité destiné aux Écoles de Musique, nous avons résumé, sous une forme que nous croyons propre à l'enseignement, les principes généralement admis par les théoriciens. Présenter tous les faits élémentaires dans un ordre méthodique, donner des définitions claires et précises, suivies de nombreux exemples, simplifier les démonstrations, tel a été le but que nous nous sommes proposé, en nous appuyant toujours sur nos principales autorités en musique, MM. Fétis, Elwart, C. Blaze, G. Kastner etc., qu'il suffit de citer pour qu'on ne les récuse pas.

Nous avons joint à chaque leçon un questionnaire détaillé. Nous pensons que ce moyen est excellent pour combattre l'esprit de routine si naturel aux élèves; on les oblige ainsi à se rendre compte de ce qu'ils ont appris et à récapituler, et l'on s'assure qu'ils n'ont pas retenu seulement des mots, mais qu'ils se sont bien pénétrés des principes qu'ils avaient à étudier.

Nous nous estimerons heureux, si nous pouvons contribuer, pour notre faible part, à affermir les premiers pas de la jeunesse dans la voie des études musicales.

N. B. Dans les Cours de première année, on peut se borner à voir les Leçons I. II. III. IV. V. VI. VIII, IX. X. XI. XIII. XIV.

ÉLÉMENTS
de Musique

1re LEÇON.

Sommaire : Définition du Son _ Son musical _ Musique _ Tons _ Intervalles _ Demi-ton _ Gamme _ Octave _ Degrés _ Unisson _ Accord _ Mélodie _ Harmonie

---

On appelle son, en général, l'effet des vibrations des corps élastiques perçu par l'organe de l'ouïe.

Le son musical est le résultat de vibrations régulières, prolongées et appréciables, c'est-à-dire comparables à d'autres vibrations.

Le Bruit provient de vibrations irrégulières ou brusquement interrompues.

La Musique est l'art de charmer l'oreille et d'émouvoir par la combinaison de sons agréables et expressifs, c'est-à-dire qui répondent à des sentiments de l'âme.

Dans une suite de sons, les plus élevés s'appellent sons aigus; les plus bas se nomment sons graves; les sons intermédiaires forment le medium ou milieu. Cette différence entre les sons aigus et les sons graves n'est que relative, car tel son peut être aigu lorsqu'il est mis en rapport avec un son plus bas, et grave si on le compare à un son plus élevé.

Quand on considère ainsi les sons sous le rapport d'acuité ou de gravité, ils prennent le nom de Tons.

On nomme intervalle la distance d'un ton à un autre; ou bien c'est la quantité dont un son s'élève ou s'abaisse par rapport à un autre.

Le plus faible intervalle que l'on considère dans la suite des sons appréciables à notre musique, s'appelle demi-ton. L'intervalle de deux demi-tons se nomme ton. (1)

---

(1) Nous signalerons ici, une fois pour toutes, l'insuffisance de la langue musicale. Le mot ton est ...

Une succession de tons et de demi-tons, du grave à l'aigu, dans l'ordre suivant : un ton, un ton, un demi-ton, un ton, un ton, un ton, un demi-ton, constitue ce qu'on nomme la gamme ou échelle musicale (1). Cette disposition de tons et de demi-tons est la base de la tonalité moderne.

Les sept sons de la gamme ont reçu les noms qui suivent : ut, ré, mi, fa, sol, la, si. (on dit aussi do au lieu de ut). (2).

Il est à remarquer que le huitième son qui suit la série précédente a une grande analogie avec le premier. On l'appelle Octave.

On nomme aussi le point de départ d'une gamme premier degré, le ton suivant deuxième degré, et ainsi de suite. Monter, c'est passer d'un ton quelconque à un autre ton d'un degré supérieur; Descendre, c'est passer d'un ton à un autre d'un degré inférieur.

On peut figurer la Gamme par l'échelle suivante :

Degré	Note	Intervalle
8e degré	ut	
		½ ton
7e degré	si	
		1 ton
6e degré	la	
		1 ton
5e degré	sol	
		1 ton
4e degré	fa	
		½ ton
3e degré	mi	
		1 ton
2e degré	ré	
		1 ton
1er degré	ut	

---

employé sous deux acceptions différentes; plus loin, il changera encore de signification. Il en est de même des mots harmonie, mesure etc. Il serait à désirer qu'on pût rectifier cette terminologie défectueuse.

(1). Le mot gamme vient de la lettre Γ (gamma, G des Grecs) qui, au moyen âge, fut ajoutée comme première note de la série des sons représentés par des lettres (Γ A B C D etc. sol la si ut ré etc). C'est ainsi que le mot alphabet a été tiré du nom des premières lettres de la série des signes d'écriture.

(On a souvent attribué à Guido d'Arezzo, mais à tort, cette addition du gamma; il l'avait trouvé en usage de son temps, comme il le dit lui-même dans le Micrologue.)

(2). Ces noms ont été employés comme exercices mnémoniques par Guido, qui les a tirés de la première syllabe des six premiers vers de l'hymne de St Jean.

Ut queant laxis	Famuli tuorum
Resonare fibris	Solve polluti
Mira gestorum	Labii reatum, Sancte Joannes.

Le chant de cette hymne s'élevait d'une note sur chaque syllabe ut, ré, mi etc.

Le si a été ajouté postérieurement.

La gamme se compose donc de cinq tons et de deux demi-tons ou de douze demi-tons. Les deux demi-tons sont placés du 3e au 4e degré, et du 7me au 8me.

L'octave peut servir de point de départ à une seconde gamme dont les sons successifs reçoivent le même nom que ceux de la première. Chaque son de cette nouvelle série est à l'octave supérieure de son correspondant dans la première.

Quand plusieurs voix ou plusieurs instruments font entendre des sons placés sur le même degré, on dit qu'il y a unisson; lorsque les sons émis simultanément sont à des degrés différents et produisent une sensation agréable à l'oreille, il y a accord.

La mélodie est un heureux enchaînement de sons successifs; c'est la pensée musicale conçue par l'imagination et épurée par le goût.

L'harmonie est la succession de plusieurs accords.

Questionnaire

Qu'est-ce que le Son ?

Qu'est-ce que le son musical ?

Qu'est-ce que la Musique ?

Qu'entend-on par son aigu ? — par son grave ?

Quels noms prennent les sons considérés sous le rapport d'acuité ou de gravité ?

Qu'est-ce qu'un Intervalle ?

Quel est le plus faible intervalle ?

Qu'est-ce qu'un Ton ?

Qu'est-ce que la Gamme ?

Comment sont disposés les tons et les demi-tons dans la gamme ?

Quels noms donnez-vous aux tons et aux demi-tons de la gamme ?

Nommez-les en descendant.

Qu'est-ce que l'Octave ?

En appelant le point de départ d'une gamme 1er degré, le son suivant 2e degré etc. dites quel est l'intervalle du 1er degré au 2me ; — du 2me au 3me ; — du 3me au 4me ; — du 4me au 5me ; — du 5me au 6me ; — du 6me au 7me ; — du 7me au 8me.

De combien de tons et de demi-tons se compose la gamme ?

Où se placent les deux demi-tons dans la gamme ?

Qu'est-ce que monter ou descendre l'échelle des sons ?

Si, à partir de l'octave on continue une seconde gamme ut, ré, mi, fa etc., à quelle distance le second ré, le second mi ...... sont-ils du premier ré, du second mi ... ?

Qu'entend-on par Unisson ?

Qu'entend-on par Accord ?

Qu'est-ce que la Mélodie ?

Qu'est-ce que l'Harmonie ?

2e LEÇON.

Sommaire : Notation. — Signes d'Intonation. — Portée. — Notes. — Lignes supplémentaires.

Pour représenter les sons, on a inventé un système d'écriture musicale ou de notation.

La notation ou collection des signes employés dans la musique comprend :

1° Les signes d'Intonation, c'est-à-dire d'élévation ou d'abaissement des sons.

2° Les signes de Durée.

Nous nous occuperons d'abord des signes d'intonation.

La série des tons et des demi-tons formant, comme nous l'avons dit, une sorte d'échelle, on a représenté cette gradation par cinq lignes horizontales, dont la réunion se nomme portée, figure destinée à porter tous les signes de musique.

5me Ligne
4e Ligne — 4e Interligne
3e Ligne — 3e Interligne
2e Ligne — 2e Interligne
1re Ligne — 1er Interligne

On compte les lignes en partant de la ligne inférieure. La portée présente aussi 4 interlignes.

En plaçant des notes ou signes des sons sur les lignes, dans les interlignes et immédiatement au dessus et au dessous de la portée, on pourra d'abord écrire 11 degrés.

1er degré — 2e d. — 3e d. — 4e d. — 5e d. — 6e d. — 7e d. — 8e d. — 9e d. — 10e d. — 11e d.

Puis, pour noter les sons plus aigus ou plus graves, on ajoute à la portée des lignes supplémentaires ; ce sont des fragments de ligne qui ne servent que pour une note et qu'on doit répéter pour chaque note au dessus ou au dessous des 11 degrés précédents.

Les notes étant ainsi placées sur la portée

sans indiquer encore les noms qu'on doit leur donner, ni la place des demi-tons, car en nommant ut la note placée sur la première ligne, on aurait la gamme suivante :

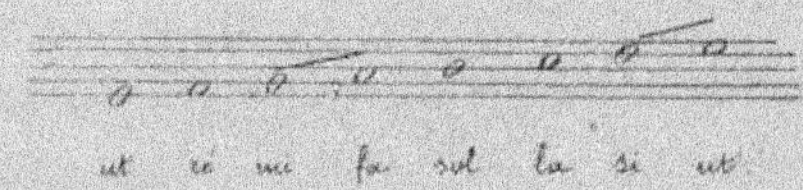

ut ré mi fa sol la si ut

En nommant ut la note placée sur la première ligne supplémentaire inférieure, on aurait cette autre gamme :

ut ré mi fa sol la si ut

Dans ce second exemple, on voit que les demi-tons ont changé de place.

En mettant ut sur les autres lignes ou sur les interlignes, on aurait une suite de gammes différant toutes les unes des autres par le degré d'élévation ou d'abaissement. Il a donc été nécessaire d'adopter des signes pour fixer la position de chaque gamme, et permettre de nommer les notes assises sur la portée.

Questionnaire.

Qu'est-ce que la Notation ?

Combien de sortes de signes employés dans la notation ?

Qu'est-ce que la Portée ?

Quelle est la 1ère ligne — la 5e ligne de la portée ?

Combien la portée a-t-elle d'Interlignes ?

Qu'appelle-t-on Notes ?

Où se placent les notes ?

Combien de degrés peut-on écrire sur les lignes et dans les interlignes ?

Comment peut-on écrire des sons plus aigus ou plus graves que ceux que peut recevoir la portée ?

La place des demi-tons sur la portée peut-elle être variable ?

3e LEÇON.

Sommaire *Clefs — Clef de sol. Clef de Fa — Clef d'Ut — Signe 8va*

Les signes dont nous voulons parler se nomment clefs.

Les clefs indiquent le degré d'élévation ou d'abaissement de la gamme qu'on joue ou qu'on chante. La diversité des voix a donné naissance aux clefs qui, placées au commencement de la portée, déterminent à quel genre de voix appartiennent les notes qui y sont écrites. Par le moyen des clefs, on peut maintenir chaque voix dans la portée, sans avoir recours trop souvent aux lignes supplémentaires.

Il y a trois sortes de clefs: la clef de sol, la clef de fa, la clef d'ut. (1)

La clef de sol se pose sur la 2me ligne de la portée (sol), elle signifie que toutes les notes placées sur la 2e ligne sont des sol.

La clef de fa se pose sur la 4e ligne (fa) de manière que cette ligne se trouve entre les deux points de la clef. Toutes les notes placées sur la 4e ligne sont des fa.

La clef d'ut se pose sur les 4 premières lignes.

ut ut ut ut.

Le point de départ étant ainsi fixé, nous pouvons maintenant nommer les notes ascendantes ou descendantes de la portée entière, par exemple, de la clef de sol:

ut ré mi fa sol la si ut ré mi fa sol fa mi ré ut si la sol fa mi ré ut.

Si nous voulons ensuite représenter une gamme à l'octave inférieure de la note la plus grave de l'exemple précédent, ut, nous éviterons les lignes supplémentaires en employant la clef de fa et nous écrirons:

(1) Ces signes sont appelés clefs, parce qu'ils ouvrent, pour ainsi dire, la porte des tons.

Nous pouvons descendre encore d'une octave :

Ainsi au moyen de ces deux clefs, qui sont les plus généralement employées, nous pouvons parcourir quatre octaves. Exemple :

On pourrait encore représenter des sons plus graves et plus aigus en ajoutant de nouvelles lignes supplémentaires.

Si l'on veut prolonger à l'aigu l'échelle précédente, et éviter le trop grand nombre de lignes supplémentaires, on écrit les notes une octave plus bas, en indiquant par ce signe : 8va (ottava)(1) suivi d'une ligne tremblée, que ces notes doivent être exécutées une octave au dessus.

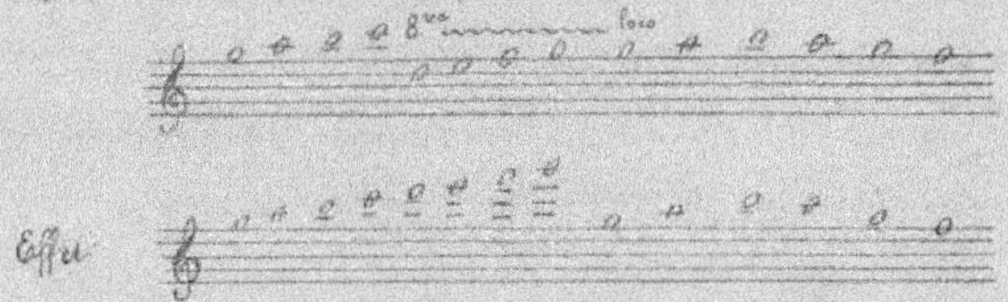

Effet

Quand on veut redescendre d'une octave, on fait cesser la ligne tremblée, et l'on écrit le mot italien loco, qui veut dire en place.

La clef de Sol et la clef de Fa pourraient suffire, à la rigueur, pour noter toute la musique, cependant les clefs d'ut sont d'un usage indispensable pour la transposition dont nous parlerons plus loin (XVe Leçon).

(1) ou all' ottava, à l'octave.

Ces quatre ut représentent le même ton, ils sont identiques avec les tons suivants:

(1)

Questionnaire.

Qu'est-ce qu'une Clef ?

Combien y a-t-il de Clefs ? Nommez-les.

Où se pose la clef de Sol ?

Où se pose la clef de Fa ?

Où se pose la clef d'Ut ?

Nommez les notes ascendantes et descendantes de la portée armée de la clef de Sol.

Nommez les notes qui sont sur les lignes.

Nommez les notes qui sont dans les Interlignes.

Comment écrit-on les notes jusqu'à l'ut au-dessus de la 5e ligne ? — jusqu'au sol au-dessous de la 1re ligne ?

Comment représenterez-vous une gamme à l'octave inférieure de l'ut grave de la clef de Sol, sans employer les lignes supplémentaires ?

Comment pourrait-on prolonger à l'aigu une gamme partant de l'ut de la clef de Sol, de manière à éviter trop de lignes supplémentaires ?

Qu'indique le signe 8va ? — Le mot loco ?

Nommez les notes de la portée armée 1° de la clef d'ut 1re ligne, 2° de la clef d'ut 2e ligne, 3° de la clef d'ut 3e ligne, 4° de la clef d'ut 4e ligne.

Représentez à toutes les clefs le ton identique à l'ut grave de la clef de Sol.

4e LEÇON.

Sommaire: Gamme diatonique _ Intervalles de la gamme _ Intervalle de seconde, de Tierce, de Quarte, de Quinte, de Sixte, de Septième, d'Octave _ Unisson _ Degrés conjoints ou diatoniques _ Degrés disjoints _ Consonnances _ Dissonances _ Intervalles consonnants, dissonants _ Accords consonnants, dissonants _ Accord parfait.

La gamme diatonique est celle qui procède dans l'ordre de succession naturelle des sept sons principaux

(1) Outre les clefs ci-dessus, on se servait anciennement de la clef de sol sur la 1re et la 2e ligne, de la clef de Fa sur la 3e et la 5e ligne. Primitivement les clefs étaient figurées par des lettres, par suite des modifications qu'elles ont éprouvées, on est arrivé aux figures des clefs que nous employons aujourd'hui.

Toutes les gammes que nous avons considérées jusqu'ici sont diatoniques. (1)

Gamme diatonique

1er degré 2e d. 3e d. 4e d. 5e d. 6e d. 7e d. 8e d.

Entre le 1er degré et le 2e degré, il y a un intervalle de Seconde

——— le 3e degré ——— Tierce

——— le 4e degré ——— Quarte

——— le 5e degré ——— Quinte

——— le 6e degré ——— Sixte

——— le 7e degré ——— Septième

——— le 8e degré ——— Octave

Intervalles de seconde, de tierce, de quarte, de quinte, de sixte, de septième, d'octave, Unisson

Deux notes placées sur le même degré, et n'ayant aucun signe d'altération (2), sont à l'unisson.

Si l'on va du 2e degré au 3me, du 4e au 5e etc. on franchit un intervalle de seconde, de tierce, de quarte etc.

Ces intervalles compris dans la même octave, s'appellent simples.

On trouverait en continuant cette progression l'intervalle de neuvième, de dixième, de onzième etc.

Un intervalle simple augmenté d'une octave se nomme intervalle redoublé; dans l'exemple ci-dessus, il y a une seconde redoublée une tierce redoublée.

L'intervalle de deux octaves se nomme double octave.

Les intervalles que les sons de la gamme naturelle (3) laissent entre eux, se divisent en intervalles majeurs quand ils ont la plus grande extension que le comporte la gamme dont ils font partie, et en intervalles mineurs quand ils sont réduits à leur plus petite dimension.

---

(1) L'expression diatonique (par ton) est inexacte si l'on s'en tient à l'étymologie, car la gamme ne procède pas uniquement par tons. Mais comme la gamme appelée diatonique est la seule qui ait plusieurs tons successifs, le mot diatonique sert à la différencier des autres gammes.

(2) V. VIe Leçon.

(3) Une gamme naturelle est celle dont les notes ne sont précédées d'aucun signe d'altération.

Le plus petit des intervalles majeurs, la seconde majeure, est celui qui sépare l'ut du ré, le ré du mi, le fa du sol, le sol du la, le la du si (un ton), par opposition aux intervalles (mi fa) (si ut) nommés secondes mineures (un demi-ton).

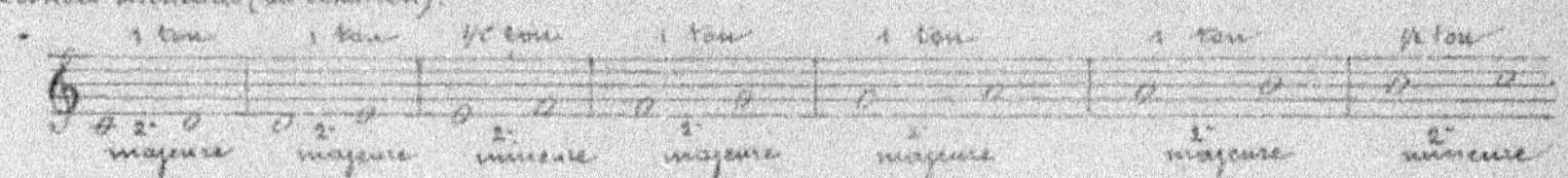

La tierce majeure est composée de deux secondes majeures (2 tons), la tierce mineure comprend une seconde majeure et une seconde mineure (1 ton et un demi-ton).

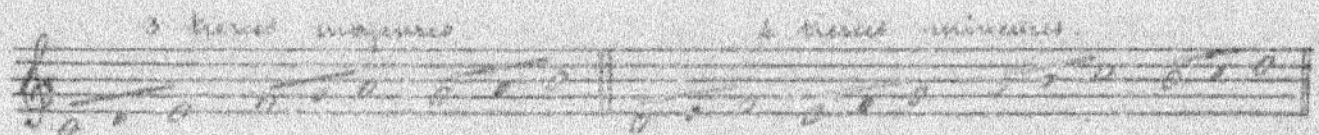

La suite naturelle des tons présente trois tierces majeures et quatre tierces mineures.

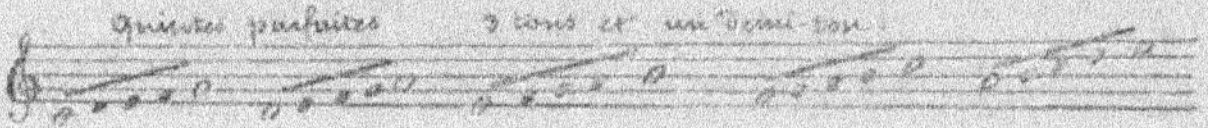

La quarte juste comprend une tierce mineure plus une seconde majeure (2 tons et un demi-ton), (ut fa), (ré sol), (mi la), (sol ut) ; la quarte fa si se compose de trois tons (de là lui vient le nom de triton).

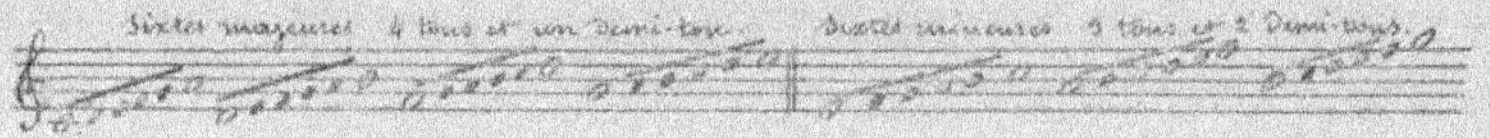

La quinte parfaite est formée d'une tierce majeure plus d'une tierce mineure.

La sixte est majeure ou mineure selon qu'elle contient une seconde mineure (ut la), (ré si) (fa ré), (sol mi), ou deux secondes mineures (mi ut), (la fa), (si sol).

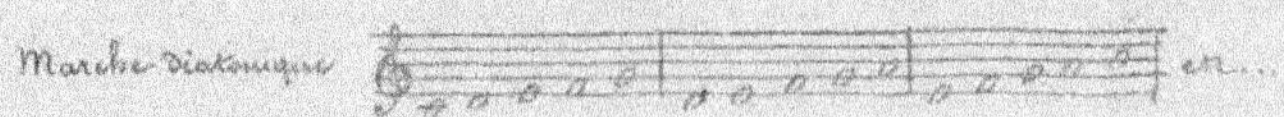

La septième majeure est composée de 5 tons et un demi-ton (ut si) ; la septième mineure de 4 tons et de 2 demi-tons.

Septième majeure 5 tons et un demi-ton. Septième mineure 4 tons et 2 demi-tons

Quand on parcourt l'échelle des notes telle que la présente la gamme, c'est-à-dire par intervalles de seconde, on dit qu'on procède par degrés conjoints ou diatoniques.

Marche diatonique … etc…

Si l'on franchit des intervalles plus grands que celui de seconde, on procède par degrés disjoints

Marche par degrés disjoints

Deux sons d'un intervalle quelconque émis simultanément ne produisent pas toujours le même effet sur l'oreille; les uns lui plaisent par leur harmonie, les autres l'affectent moins agréablement, et ne peuvent la satisfaire que par leur enchaînement avec les premiers. On donne le nom de Consonnances aux intervalles agréables, et celui de dissonances aux autres.

Les intervalles consonnants sont la tierce majeure et mineure, la quarte juste, la quinte parfaite, la sixte majeure et mineure, l'octave juste; on peut y joindre l'unisson.

Tous les autres intervalles sont dissonants

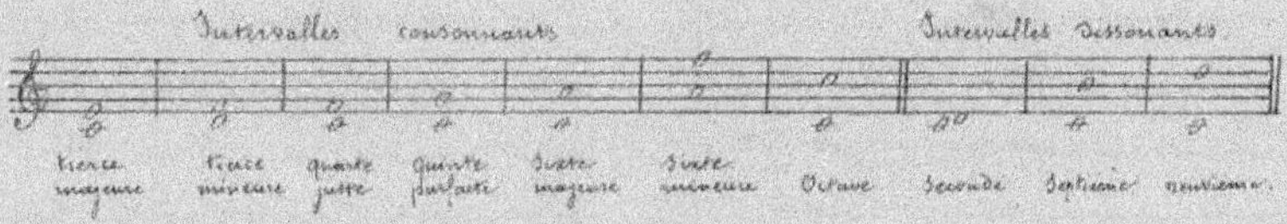

Les consonnances se subdivisent en consonnances parfaites, savoir la quinte et l'octave qui ne peuvent être altérées sans cesser d'être consonnantes, et en consonnances imparfaites, telles que la tierce et la sixte, qui peuvent être majeures ou mineures en restant toujours consonnantes.

L'émission simultanée de trois sons au moins, constitue ce qu'on nomme un accord.

Il y a des accords consonnants qui renferment en eux-mêmes un sens absolu, qui satisfait l'oreille sans le secours d'aucun autre accord.

Il y a des accords dissonants qui ne deviennent agréables que par leur liaison avec d'autres accords. A l'exception de la 7me de dominante (1), qui s'attaque sans préparation, tous les autres doivent être préparés, c'est-à-dire que la note faisant dissonance doit être entendue d'une manière consonnante dans l'accord précédent.

Les accords, pour être consonnants, ne doivent être formés que de consonnances.

(1) Nous verrons plus loin, XIIe leçon, la signification de ce mot.

L'accord formé de la réunion du 1er degré (1), de la tierce majeure ou mineure, et de la quinte, auxquelles on peut joindre l'octave, se nomme accord parfait ; c'est celui qui satisfait le plus l'oreille, le seul qui puisse servir de conclusion à toute espèce de période harmonique, et qui donne l'idée du repos.

L'accord parfait est majeur ou mineur, selon que la tierce est majeure ou mineure.

Accord parfait majeur — Accord parfait mineur

La science qui règle la composition et la succession des accords se nomme harmonie.

Questionnaire.

Qu'est-ce qu'une Gamme diatonique ?

Comment se nomme l'intervalle compris entre le 1er degré et le 2e degré ?

——— entre le 1er et le 3me ?

——— entre le 1er et le 4me ?

——— entre le 1er et le 5me ?

——— entre le 1er et le 6me ?

——— entre le 1er et le 7me ?

——— entre le 1er et le 8me ?

Comment écrit-on un Unisson ?

Comment nommerait-on l'intervalle compris entre le 2e degré et le 3me ?

entre le 2e et le 4e ? etc. etc...

entre le 2e degré et l'Octave ? etc. etc.

Qu'appelle-t-on Intervalles simples ?

Qu'est-ce qu'une Neuvième ? — une Dixième ?

— une Onzième ? — une Double Octave ?

Qu'est-ce qu'un Intervalle redoublé ?

Qu'est-ce qu'un Intervalle majeur ?

Qu'est-ce qu'un Intervalle mineur ?

Y a-t-il entre toutes les secondes le même intervalle ?

Indiquez les secondes majeures et les secondes mineures de la gamme.

Y a-t-il entre toutes les Tierces le même intervalle ?

De combien de tons se compose une Tierce majeure ?

——— une Tierce mineure ?

De combien de tons se compose une Quarte juste ?

— une Quinte ? — une Sixte majeure ou mineure ?

— une Septième majeure ou mineure ?

Qu'appelle-t-on Degrés conjoints ? — Degrés disjoints ?

Qu'est-ce qu'une Consonnance ? — une Dissonance ?

Quels sont les Intervalles consonnants ?

Citez des Intervalles dissonants.

Qu'est-ce qu'une Consonnance parfaite ? — imparfaite ?

Quelle différence entre un accord consonnant et un accord dissonant ?

Qu'est-ce qu'un Accord parfait ?

Quand l'accord parfait est-il majeur ? — mineur ?

Nommez les notes de l'accord parfait dans la gamme d'ut, en montant et en descendant.

(1) ou Tonique (V. XIII Leçon)

5e LEÇON.

Sommaire : Renversement des Intervalles _ Seconde renversée _ Tierce renversée _ Quarte renversée etc. _ Intervalle consonnant renversé _ Accord renversé

Tous les intervalles ont la propriété de se renverser, c'est-à-dire de donner lieu à d'autres intervalles quand on remplace le son grave par son octave aiguë, ou bien le son aigu par son octave grave. Par exemple, ut étant la note inférieure d'un intervalle, et mi la note supérieure de deux degrés, il en résulte une tierce, placez mi à son octave inférieure, ou ut à son octave supérieure, vous aurez une sixte.

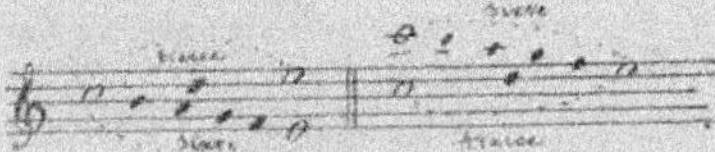

On dit dans ce cas, que la tierce a pour renversement la sixte, et réciproquement, une sixte renversée donne une tierce.

Tableau des Intervalles naturels avec leurs renversements.

On peut représenter ces renversements par des chiffres, comme il suit :

1 2 3 4 5 6 7 8

8 7 6 5 4 3 2 1

Il est à remarquer que le chiffre d'un intervalle ajouté à celui de son renversement donne constamment pour total le nombre 9.

Tout intervalle consonnant renversé produit une consonnance ; ainsi, la tierce renversée donne la sixte, la quarte renversée donne la quinte etc...

Un accord peut aussi être renversé ; par exemple, l'accord parfait est composé de trois notes qui peuvent prendre, chacune, la position inférieure.

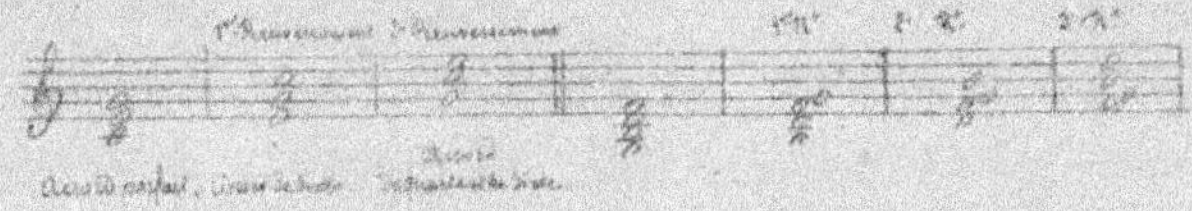

Les accords de trois sons ont deux renversements ; ceux à quatre sons en ont trois, et ainsi de suite.

Le renversement est une source de variété pour l'harmonie, car il suffit de déplacer la position des notes, pour obtenir des effets différents.

Pour compléter les notions sur les Intervalles, il est indispensable de faire connaître préalablement certains signes qui peuvent les altérer. L'explication de ces signes fera l'objet de la Leçon suivante.

Questionnaire.

Qu'est-ce qu'un Intervalle renversé?
Que devient une Seconde renversée?
——— une Tierce renversée?
——— une Quarte renversée?
——— une Quinte renversée?
——— une Sixte renversée?
Que devient une Septième renversée?
——— un Unisson renversé?
Un intervalle consonnant renversé produit-il une Consonnance?
Quels sont les renversements de l'Accord parfait?

6e LEÇON.

Sommaire: Signes d'altération _ Dièse _ Bémol _ Bécarre _ Double dièse _ Double bémol _ Gamme chromatique _ Gamme enharmonique _ Demi-ton diatonique _ Demi-ton chromatique.

Il y a des signes d'altération qui peuvent modifier l'intonation d'une note, soit en l'élevant, soit en l'abaissant. Ces signes sont: le dièse ♯, le bémol ♭, le bécarre ♮, le double dièse 𝄪, et le double bémol ♭♭.

L'altération est permanente, lorsque la note altérée subit l'influence du signe pendant toute la durée du morceau de musique; ce qui arrive lorsque les signes sont placés à la clef, et que la note altérée est une note constitutive du Ton, comme nous le verrons plus loin. (XIIe Leçon).

L'altération est accidentelle, lorsque les signes se rencontrent fortuitement dans le cours du morceau; ils n'ont alors de valeur que pour la mesure dans laquelle ils se trouvent (1). On les nomme alors signes accidentels, ou accidents.

(1) Tout morceau de musique se divise en un certain nombre de parties égales qu'on nomme mesures. (V. IXe Leçon)

Le dièse élève d'un demi-ton la note devant laquelle il est placé.

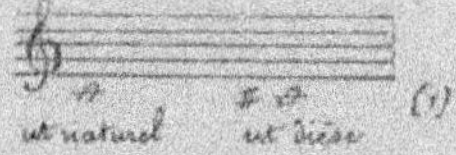

Le bémol abaisse la note d'un demi-ton.

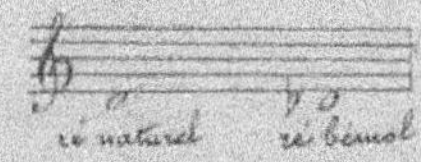

Le bécarre détruit l'effet du dièse ou du bémol, c'est-à-dire que si on le place devant une note qui a été diésée, il la baisse d'un demi-ton; si on le place devant une note qui a été bémolisée, il la hausse d'un demi-ton. On dit encore que le bécarre remet la note dans son ton naturel.

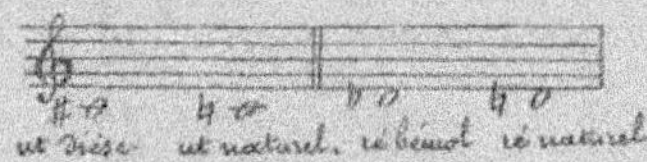

Le double dièse 𝄪 ou ✕, ou ✗, ou encore ♯♯, élève d'un demi-ton une note déjà diésée.

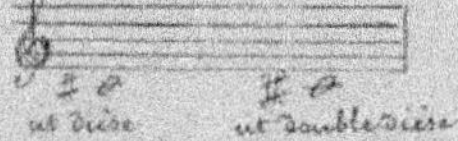

Le double bémol abaisse d'un demi-ton une note déjà bémolisée.

Le double dièse et le double bémol sont toujours des signes accidentels, et ne se placent jamais à la clef.

Quand on veut détruire l'effet d'un double dièse ou d'un double bémol, on met devant la note un dièse ou un bémol, et quelquefois un dièse ou un bémol précédé d'un bécarre.

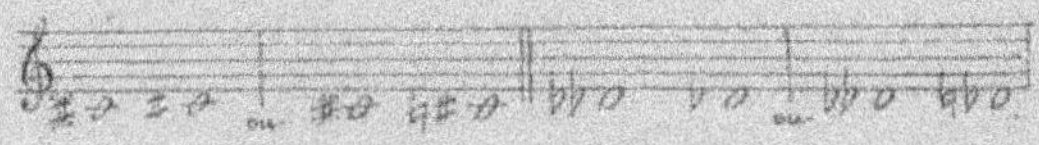

---

(1) En réalité, le ton élevé d'un demi-ton au-dessus de l'ut n'est plus un ut; il devrait donc être désigné par un autre nom et représenté par une note particulière sur la portée. La crainte de compliquer la lecture de la musique a fait imaginer un artifice par lequel on suppose que le son intermédiaire d'ut et de ré est, suivant les circonstances, ou un ut élevé d'un demi-ton, ou un ré baissé d'un demi-ton. (Mr Fétis)

Si l'on veut remettre la note dans son ton naturel, il suffit d'un seul bécarre.

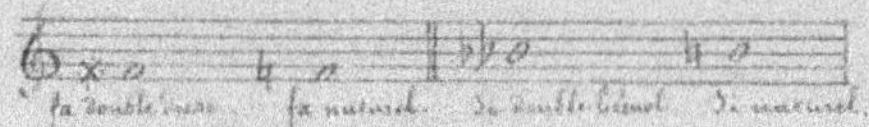

Les signes altératifs nous permettent d'écrire les 12 demi-tons compris dans la gamme, en remarquant que les intervalles (mi fa) et (si ut) ne reçoivent pas d'altération, parce qu'ils ne sont que d'un demi-ton.

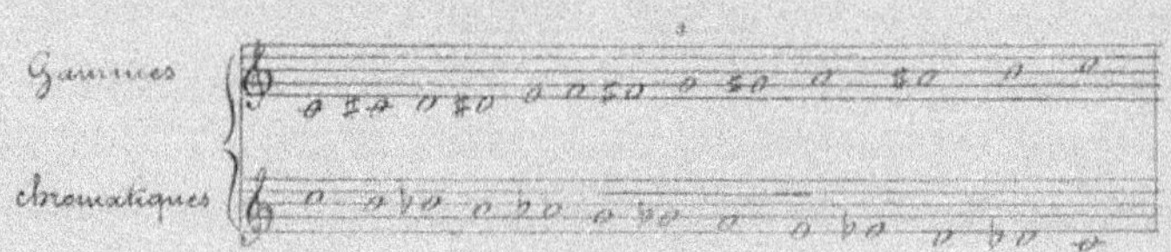

Les deux gammes précédentes s'appellent gammes chromatiques (1) par opposition à la gamme diatonique dont nous avons parlé.

On nomme genre enharmonique (2) le passage d'une note à une autre sans que l'intonation soit changée. Par exemple, après ut ♯ faites ré ♭, ces notes ne changent pas d'intonation, quoiqu'elles changent de nom.

Il y a deux sortes de demi-tons : le demi-ton diatonique, c'est celui qui existe d'une note à celle qui la suit, comme par exemple d'ut à ré ♭ ; et le demi-ton chromatique, qui existe d'une note à la même note subissant une altération, comme d'ut à ut ♯.

---

(1) Chromatique signifie coloré, nuancé.

(2) Le mot enharmonique a été transporté de la musique grecque dans la musique moderne sans application juste. Dans le système du tempérament égal qui consiste à diviser l'octave en douze demi-tons égaux, on confond l'ut ♯ avec le ré ♭, le ré ♯ avec le mi ♭ etc ; on démontre en physique que ces intonations ne sont pas identiques. Le dièse et le bémol ne peuvent être exécutés justes qu'avec la voix ou les instruments à archet. Les instruments à tempérament sont ceux qui donnent la même note pour un dièse et pour un bémol, Ex : le piano.

Questionnaire.

Qu'appelle-t-on Signes d'altération ?
Combien de signes d'altération ? Nommez-les.
Quand l'altération d'une note est-elle permanente ?
— accidentelle ?
Dans ce dernier cas, comment nomme-t-on les signes ?
A quoi sert le Dièse ?
Peut-on mettre une note diésée entre le ré et le mi de la gamme naturelle ? et pourquoi ?
Peut-on mettre une note diésée entre le mi et le fa ? et pourquoi ?
—— entre fa et sol ? entre la et si ? entre si et ut ?
A quoi sert le Bémol ?
Peut-on mettre une note bémolisée entre ré et mi ? et pourquoi ? — entre mi et fa ? etc.

A quoi sert le Bécarre ?
Qu'est-ce que le Double dièse ? — Le Double bémol ?
Comment détruit-on l'effet d'un Double dièse ou d'un Double bémol ?
Comment peut-on remettre dans son ton naturel une note altérée par un Double dièse ou par un Double bémol ?
Qu'est-ce qu'une gamme chromatique ?
Nommez les notes de la gamme chromatique en montant par demi-tons, au moyen des dièses ou en descendant par demi-tons à l'aide des bémols.
Qu'appelle-t-on genre enharmonique ?
Combien de sortes de Demi-tons ?
Nommez-les — expliquez-les.

7e LEÇON.

Sommaire : *Altération des Intervalles — Intervalles diminués ou augmentés — Renversement des Intervalles altérés — Intonation — Diapason*

Nous avons vu que les intervalles de la gamme sont majeurs ou mineurs ; mais si par une altération au moyen des signes accidentels on forme des intervalles plus petits d'un demi-ton que les mineurs, ou plus grands d'un demi-ton que les majeurs, on désigne les premiers sous le nom d'Intervalles diminués, et les seconds sous le nom d'Intervalles augmentés.

Tableau des Intervalles altérés.

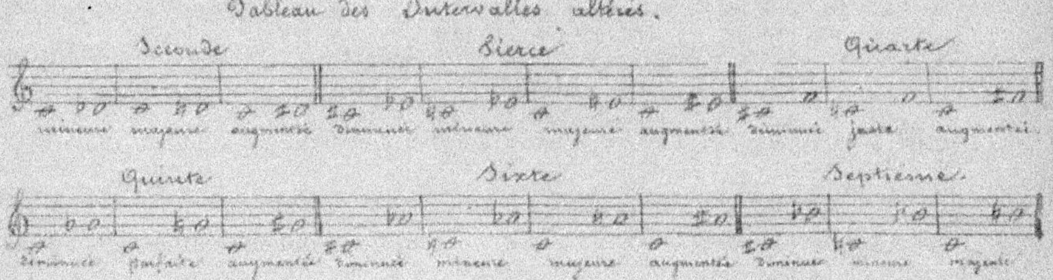

Les intervalles altérés se renversent ainsi que les intervalles naturels, et d'après le même principe.

Renversement des Intervalles altérés.

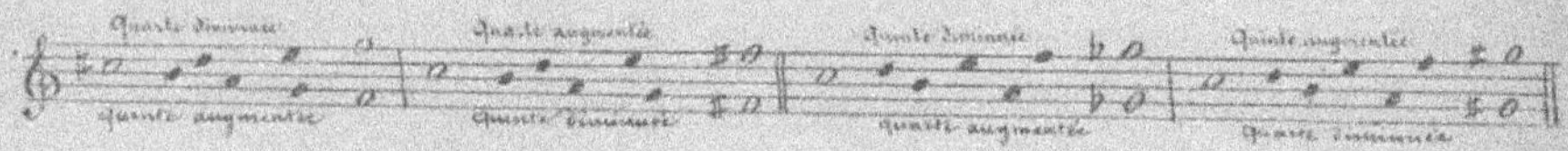

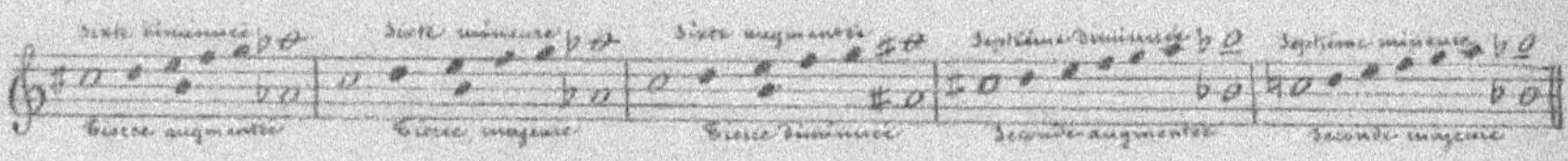

L'action d'exécuter avec justesse les différents intervalles d'une gamme, soit dans une partie de chant, soit dans l'accompagnement, est ce que l'on appelle **Intonation**, (ou l'entrée dans le ton). Pour obtenir ce résultat, il a été nécessaire d'établir un ton fixe qui pût servir de point d'appui pour la voix ou pour les instruments. Ce son régulateur est donné par le **Diapason**, petit instrument d'acier formé de deux branches recourbées en pincette, qu'on met en vibration en écartant vivement leurs extrémités.

Le diapason français sonne le la. On a choisi ce ton, parce que tous les instruments à cordes donnent le la à vide.

On appelle encore diapason l'étendue d'une voix ou d'un instrument. Ainsi, quand une voix se force, on dit qu'elle sort de son diapason.

Questionnaire.

Comment les Intervalles peuvent-ils être altérés ?
Qu'appelle-t-on Intervalles diminués ? — augmentés ?
Quelle espèce de Seconde trouvez-vous dans l'intervalle ut ré♭ ? — Dans les intervalles ut ré♮ — ut ré♯ ?
Quelle tierce dans ut♯ mi♭ — ut mi♭ — ut mi♯ ?
Quelle quarte dans ut♯ fa — ut fa — ut fa♯ ?
Quelle quinte dans ut sol♭ — ut sol♮ — ut sol♯ ?
Quelle sixte dans ut♯ la♭ — ut♮ la♭ — ut♮ la♮ — ut la♯ ?
Quelle septième dans ut♯ si♭ — ut♮ si♭ — ut si♯ ?
Que devient une seconde mineure renversée ?
——— une seconde augmentée renversée ?

Que devient une tierce diminuée renversée ? etc. etc.
Qu'est-ce que l'Intonation ?

Qu'est-ce que le Diapason ? quel est son usage ?
Quel ton donne le Diapason ?

8e LEÇON.

Sommaire : Durée des Sons _ Sept figures de notes. Ronde _ Blanche _ Noire _ Croche _ Double croche _ Triple Croche _ Quadruple Croche _ Leurs valeurs _ Note carrée _ Triolet _ Sextolet _ Groupes de 9, 5, 7 etc. notes _ Point _ Notes pointées _ Leurs valeurs _ Double point _ Liaison.

Nous avons considéré jusqu'ici les notes comme signes d'élévation ou d'abaissement ; mais pour qu'elles puissent aussi représenter la durée des sons, on leur a donné une forme qui indique qu'elles doivent s'exécuter plus ou moins vite.

On a supposé une unité de durée qu'on a appelée ronde ; la moitié de cette durée a reçu le nom de blanche ; le quart celui de noire ; le huitième a été appelé croche ; le seizième double croche, le trente-deuxième triple croche et le soixante-quatrième quadruple croche ; en total, sept figures de notes. (1)

(1) Ces dénominations sont tirées de la figure des notes ; il eût été plus rationnel de les prendre de leur valeur même, ainsi que l'ont fait les Allemands, et d'appeler la Ronde une entière, la noire un quart etc. etc.

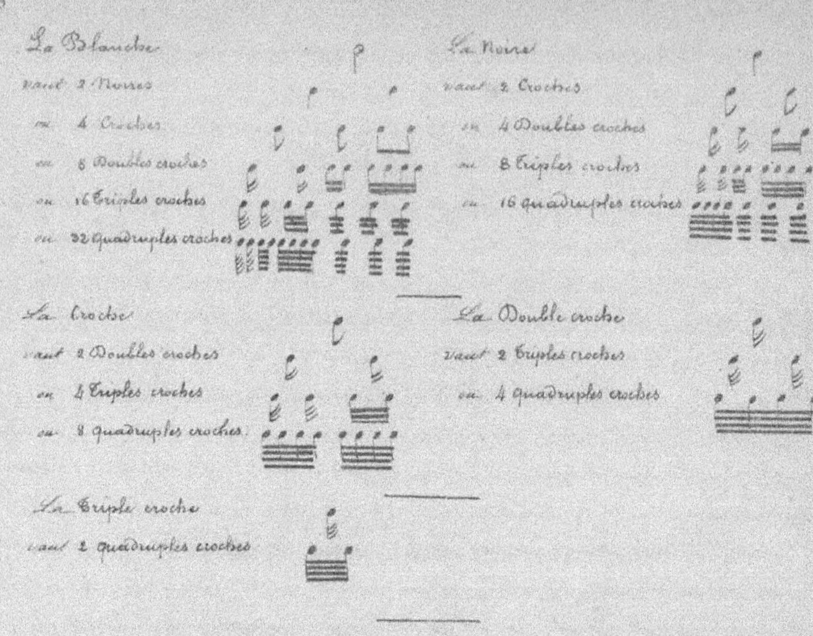

La Blanche
vaut 2 Noires
ou 4 Croches
ou 8 Doubles croches
ou 16 Triples croches
ou 32 Quadruples croches

La Noire
vaut 2 Croches
ou 4 Doubles croches
ou 8 Triples croches
ou 16 Quadruples croches

La Croche
vaut 2 Doubles croches
ou 4 Triples croches
ou 8 quadruples croches.

La Double croche
vaut 2 Triples croches
ou 4 Quadruples croches

La Triple croche
vaut 2 Quadruples croches

Le tableau suivant rend facile la comparaison des valeurs respectives de chaque espèce de notes.

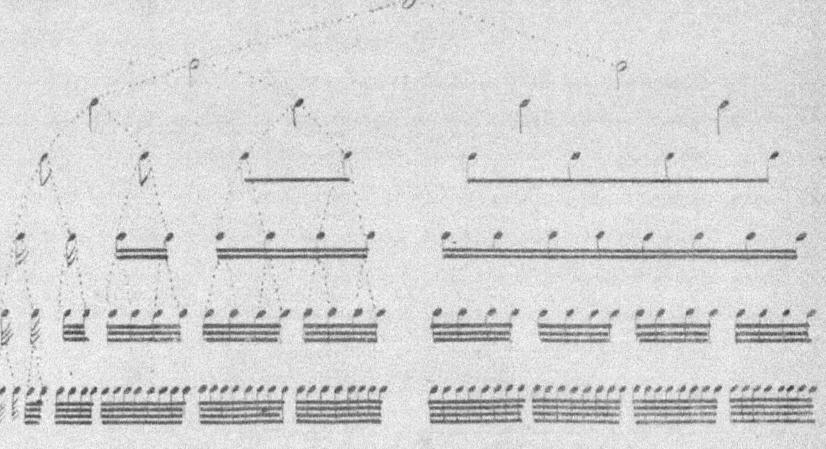

Les notes élevées ont, en général, la queue en bas, et les notes graves la queue en haut. Le changement a lieu vers le milieu de la portée.

Dans la musique instrumentale on groupe les croches, les doubles croches etc... par deux ou par quatre, etc.

Dans le chant, on sépare toutes les croches, les doubles croches etc... qui sont affectées à une syllabe différente.

Il y a encore un ancien signe qui a la valeur de deux rondes; c'est la note carrée ; il est très peu usité.

Il peut arriver qu'on ait à exécuter trois noires pour deux noires, trois croches pour deux croches, et ainsi de suite; ces trois notes qui doivent durer autant que deux portent le nom de triolet, et sont surmontées du chiffre 3.

Dans une série de triolets, on peut écrire le chiffre 3 seulement pour les premiers, la figure des groupes suivants suffit pour indiquer la continuation des triolets.

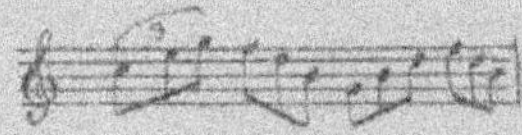

Le sextolet consiste dans l'emploi de six notes pour quatre; on surmonte ces notes du chiffre 6.

Le sextolet doit s'exécuter tout autrement que deux triolets. En effet, dans le triolet, c'est toujours la première note qui reçoit l'accent, tandis que dans le sextolet, cet accent tombe sur la première, la troisième et la cinquième note.

On peut donner aussi à neuf doubles croches ou neuf triples croches la valeur de six; le chiffre 9 indique ce groupe.

Enfin, il y a des groupes de 5. 7. 11 etc. notes; il faut faire en sorte de leur donner une durée égale à celle des notes qu'ils remplacent.

Nous venons de voir que chaque espèce de notes vaut deux fois, quatre fois, huit fois etc. les espèces de notes successivement inférieures, il y a aussi des durées de sons équivalentes à trois fois, six fois, douze fois les notes inférieures. On est convenu de représenter ces durées par une figure de note suivie d'un point.

Le point augmente la note de la moitié de sa valeur

Ainsi, la Ronde pointée a la même durée que 3 Blanches ou 6 Noires, ou 12 Croches etc.
la Blanche pointée —— 3 Noires ou 6 Croches ou 12 Doubles croches etc.
la Noire pointée —— 3 Croches ou 6 Doubles croches etc.
la Croche pointée —— 3 Doubles croches etc.
et ainsi de suite.

Quand on place deux points après une note, le second point vaut alors la moitié du premier; ainsi, deux points placés après la Blanche, valent, le premier point, une noire, le second, une croche, en tout 3 croches. Deux points après une noire valent 3 doubles croches.

Pour prolonger la durée d'une note d'une quantité moindre que la moitié de sa valeur, on emploie la liaison, ligne courbe, ⌒ ou ‿ qui placée sur deux notes du même degré, indique qu'il faut tenir le ton pendant la durée réunie des deux notes.

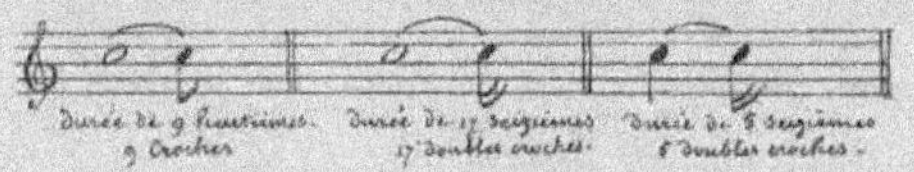

On peut de cette manière représenter toutes les durées possibles.

Questionnaire.

Combien y a-t-il de Figures de Notes ou Valeurs? Comment les nomme-t-on?

Combien la Ronde vaut-elle de Blanches? — de Noires? — de Croches? — de Doubles croches? — de Triples croches? — de Quadruples Croches?

Combien la Blanche vaut-elle de Noires? — de Croches? — de Doubles croches? — de Triples croches? — de Quadruples croches?

Combien la Noire vaut-elle de Croches? — de Doubles croches? — de Triples croches? — de Quadruples Croches?

Combien la Croche vaut-elle de Doubles-croches? — de Triples croches? — de Quadruples-Croches?

Combien la Double croche vaut-elle de Triples-croches? — de Quadruples croches?

Combien la Triple croche vaut-elle de Quadruples croches?

Combien faut-il de Noires pour faire une Ronde?

Combien faut-il de Doubles croches pour faire une Blanche? &c &c.

Combien faut-il de Doubles Croches pour faire une Noire?

Combien de Triples croches pour une Blanche? &c.

Que indique le chiffre 3 placé au-dessus d'un groupe de trois notes?

Qu'appelle-t-on Sextolet? De quel chiffre est-il marqué?

Quel est l'effet du Point placé après une note?

Que vaut la Ronde pointée? — la Blanche pointée? — la Noire pointée? — la Croche pointée? — la Double croche pointée? &c...

S'il y a deux Points après une note, quelle est la valeur du second point?

Que valent les Deux Points après une Blanche? — après une Noire? — après une Croche? — après une Double croche? &c. &c.

Comment peut-on prolonger la durée d'une note d'une quantité moindre que la moitié de sa valeur?

9e LEÇON.

Sommaire: Mesure _ Temps _ Barres de mesure _ Unité de mesure. Mesure à quatre temps _ à deux temps _ à deux quatre _ à trois temps à trois-huit _ à six-huit _ à neuf-huit _ à douze-huit _ Mesures doubles _ Division des mesures en deux classes _ Effet des signes accidentels dans la mesure.

Un morceau de musique peut se diviser en un certain nombre de parties égales, c'est-à-dire qui renferment une même somme de valeurs de notes. Chacune de ces parties égales se nomme mesure.

Une mesure est donc une somme de valeurs de notes qui se répète un certain nombre de fois dans un morceau.

La mesure peut se subdiviser à son tour en parties égales qu'on appelle temps.

Le temps est donc une fraction de la mesure.

Chaque mesure est limitée entre deux barres verticales sur la portée (1).

L'unité de mesure est la ronde, c'est-à-dire que la mesure peut contenir une somme de valeurs égale à la ronde ou à des fractions de ronde. De là résultent plusieurs espèces de mesures dont voici les principales :

1° La mesure à quatre temps composée d'une ronde ou de deux blanches ou de quatre noires ou de leurs équivalents ; elle se marque par le signe C, ou $\frac{4}{4}$ quatre quarts de ronde (4 noires).

Cette mesure peut se diviser en deux temps ; elle est alors marquée par le signe ₵ (2) ou par un 2, ou par $\frac{2}{2}$ deux demies de ronde (2 blanches).

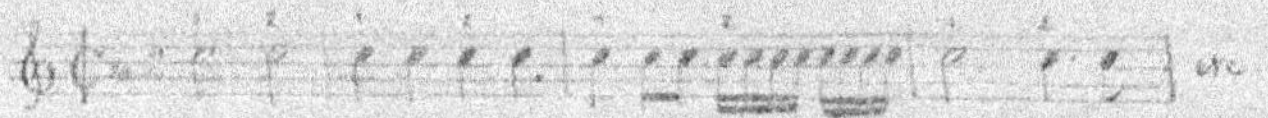

---

(1) L'espace compris entre deux barres porte aussi le nom de mesure.

(2). Les signes C, ₵ sont un reste de la notation de l'ancienne musique, dans laquelle la mesure ternaire, appelée parfaite, était figurée par un rond O, (signe de perfection) la mesure binaire ou imparfaite, avait pour signe un demi rond C, pour indiquer un mouvement plus rapide, on barrait verticalement ce demi rond ₵. (Dictionnaire [illegible] III.)

2° La mesure à deux-quatre comprenant deux noires (deux quarts de ronde) ou 1 blanche ou ses leurs équivalents ; elle s'indique par les chiffres $\frac{2}{4}$.

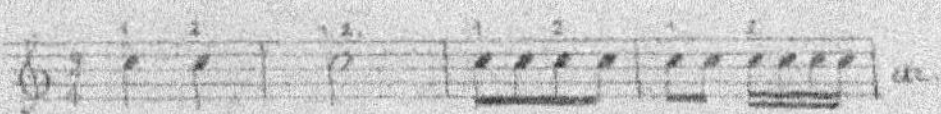

3° La mesure à trois temps comprenant trois noires ou une blanche pointée ou six croches, ou leurs équivalents ; elle se marque par les chiffres 3 ou $\frac{3}{4}$ trois quarts de ronde (3 noires).

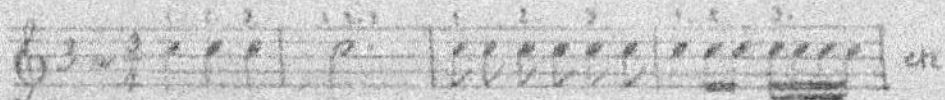

4° La mesure à trois-huit (trois huitièmes de ronde), formée de trois croches ou d'une noire pointée, ou de leurs équivalents ; on la désigne par les chiffres $\frac{3}{8}$.

5° La mesure à six huit, qui comprend six huitièmes de ronde (6 croches), ou deux noires pointées, ou leurs équivalents ; elle se marque par les chiffres $\frac{6}{8}$.

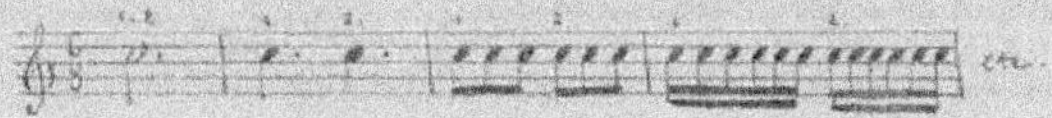

6° La mesure à neuf-huit, ou neuf huitièmes de ronde, composée de neuf croches, ou de trois noires pointées, ou de leurs équivalents ; elle est indiquée par les chiffres $\frac{9}{8}$.

7° La mesure à douze-huit, douze huitièmes de ronde, (12 croches), ou 4 noires pointées ; ou leurs équivalents ; elle a pour chiffres $\frac{12}{8}$.

Il y a aussi des mesures doubles, analogues aux précédentes, mais dont les valeurs sont doubles ; en voici deux exemples :

1° La mesure à quatre temps double, contenant deux rondes, ou quatre blanches, etc. ; elle est marquée par les chiffres $\frac{2}{1}$, deux unités ou deux rondes, $\frac{4}{2}$, quatre demies de ronde, (4 blanches).

2° La mesure à trois-deux, trois Demies de Ronde, (3 Blanches); elle est double de la mesure à trois temps; on l'indique par les chiffres $\frac{3}{2}$

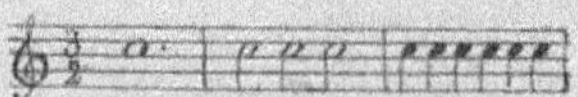

Les mesures représentées par des valeurs doubles ne doivent pas être confondues avec les autres, malgré leur analogie; car elles ont une accentuation plus grave en proportion de la valeur des notes.

Il y a encore d'autres mesures marquées par $\frac{3}{1}$, $\frac{9}{8}$, $\frac{12}{4}$, $\frac{4}{16}$, $\frac{12}{16}$, $\frac{3}{16}$, $\frac{6}{2}$, $\frac{6}{4}$, $\frac{9}{4}$, $\frac{9}{16}$ etc...
Ce sont des multiples ou des sous-multiples de celles que nous avons données.
On trouve aussi, mais très rarement, des mesures à 5 temps ou $\frac{5}{4}$, à $\frac{11}{8}$ etc...; l'oreille est rétive à ces sortes de coupes, parce qu'elles manquent de symétrie. (1)

En considérant la valeur dont chaque temps se compose dans les mesures dont nous venons de parler, on pourrait les diviser toutes en deux classes:

1° Les mesures dont chaque temps comprend une valeur entière de note, c'est-à-dire une blanche, une noire, une croche etc...

2° Les mesures dont chaque temps comprend une valeur fractionnaire de note, c'est-à-dire une blanche pointée, une noire pointée, une croche pointée etc...

On appelle encore simples les mesures à 2, à 3 et à 4 temps; et composées, les mesures à $\frac{3}{8}$, à $\frac{6}{8}$, à $\frac{12}{8}$, à $\frac{2}{4}$ etc...

---

(1) On trouve parfois des mesures inégales en durée et en valeurs. En voici un exemple tiré d'une fugue de Reicha.

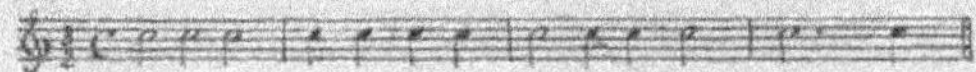

Mozart a employé plusieurs espèces de mesures à la fois dans le final du 1er acte de Don Giovanni:

Lorsqu'une note de la mesure se trouve altérée par un dièse, un bémol ou un bécarre, toutes les notes suivantes de même nom dans cette mesure, éprouvent cette altération, sans qu'il soit nécessaire de répéter le signe accidentel.

Quand il se rencontre plusieurs signes accidentels pour une note de même nom, chacun d'eux n'a d'effet que jusqu'au signe qui le suit.

Ainsi, dans ces exemples :

Les fa qui suivent le fa ♯ (A), sont dièses; les la qui suivent le la ♭ (B), sont bémols; les fa sont dièses (C) jusqu'au bécarre, et naturels jusqu'à la fin de la mesure.

Questionnaire.

Qu'appelle-t-on Mesure ?

Comment la Mesure se divise-t-elle ?

Qu'est-ce qu'un Temps ?

Comment une mesure se trouve-t-elle limitée sur la portée ?

Quelle est la valeur de note prise pour unité de mesure ?

Combien de sortes de mesures généralement usitées ?

Nommez-les.

De quelles valeurs se compose la mesure à quatre temps ?

——— la mesure à deux temps ?

——— la mesure à deux-quatre ?

——— la mesure à trois temps ?

——— la mesure à trois-huit ?

——— la mesure à six-huit ?

De quelles valeurs se compose la mesure à neuf-huit ?

——— la mesure à douze-huit ?

De quelles valeurs se compose la mesure à quatre temps double ?

——— la mesure à trois temps double ?

En combien de classes pourrait-on diviser toutes les mesures ?

Quelles sont les mesures simples ?

Quelles sont les mesures composées ?

Quand une note est altérée dans une mesure par un signe accidentel, doit-on répéter ce signe, si l'on veut altérer de la même manière une autre note de même nom dans cette mesure ?

10e LEÇON.

Sommaire : Battre la mesure. Manière de battre les différentes espèces de mesures. Mesures incomplètes. Point d'orgue. Temps forts. Temps faibles. Demi temps. Syncope. Contretemps.

On appelle battre la mesure l'action d'indiquer chaque temps par un mouvement de la main ou du pied, en ayant soin de faire tous les temps égaux.

Pour battre la mesure à deux temps, on frappe le premier et on lève l'autre, puis on frappe de nouveau le premier temps de la mesure suivante.

On peut figurer ainsi ces deux mouvements :

Pour battre la mesure à trois temps, on frappe le premier, on porte le second à droite, et on lève le troisième. On retombe ensuite sur le premier temps de la mesure suivante.

Dans la mesure rapide à trois temps, on frappe le premier, on lève le troisième.

Pour battre la mesure à quatre temps, on frappe le premier temps, on porte le second à gauche, le troisième à droite, et on lève le quatrième ; puis, on redescend perpendiculairement pour frapper le premier temps de la mesure suivante.

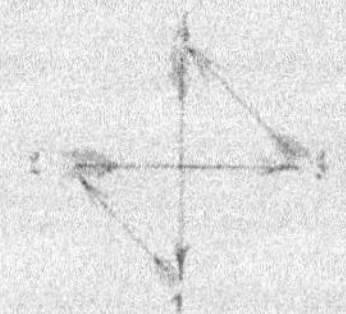

Les mesures à $\frac{2}{4}$ et à $\frac{6}{8}$ se battent à deux temps ; les mesures à $\frac{3}{8}$, à $\frac{9}{8}$, à $\frac{3}{2}$ se battent à trois temps ; la mesure à $\frac{12}{8}$ se bat à quatre temps.

Les mesures indiquées par une fraction se battent à deux temps, quelquefois à quatre temps, quand le chiffre supérieur est pair, et à trois temps, quand il est impair.

Dans un mouvement extrêmement rapide, quelle que soit la nature de la mesure, on l'indique par un seul coup fort de haut en bas.

Lorsqu'un morceau de musique commence par une fraction de la mesure, il faut commencer par le temps qu'indiquent les valeurs contenues dans cette mesure incomplète.

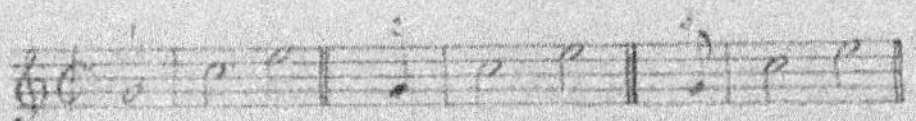

Dans ces trois exemples on commence en levant ; le premier sol forme une demi-mesure ; le second sol un demi-temps, et le troisième un quart de temps.

Dans les exemples suivants :

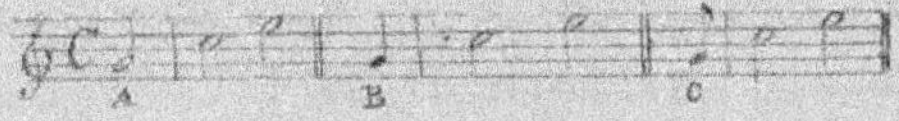

Le premier sol (A) commence au troisième temps ; le second sol (B), en levant, au quatrième temps et le troisième sol (C) en levant ; ce dernier ne dure qu'un demi-temps.

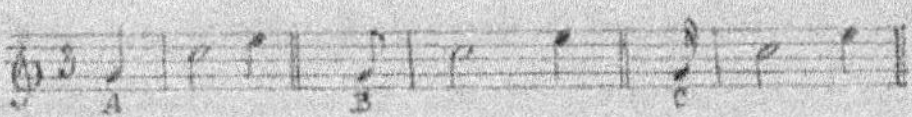

Le premier sol (A) en levant, fait un temps ; le second sol (B) en levant, fait un demi-temps. Le troisième sol (C), aussi en levant, ne compte que pour un quart de temps.

On altère quelquefois la mesure en prolongeant la valeur d'une note par un signe que l'on nomme point d'orgue ⌢, il se place ainsi :

Le point d'orgue peut affecter toutes les valeurs de note surmontées d'un point. Ce signe n'a pas une durée bien précise ; c'est le sentiment de l'exécutant qui décide à cet égard (1)

(1) On nomme aussi point d'orgue un passage brillant que fait la partie principale dans un solo.

Temps forts, temps faibles.

Des divers temps d'une mesure, il y en a de plus sensibles, de plus marqués que les autres; on les nomme temps forts; ceux qui sont moins accentués, sont les temps faibles.

Les temps forts sont le premier temps dans les mesures à deux temps, à trois temps et à six huit; le premier et le troisième dans la mesure à quatre temps.

Les temps faibles sont le deuxième dans les mesures à deux temps et à six huit; le deuxième et le troisième dans la mesure à trois temps; le deuxième et le quatrième dans la mesure à quatre temps.

Si l'on subdivise chaque temps en deux parties égales qu'on peut appeler demi-temps, on aura encore temps fort pour la première moitié, temps faible pour la seconde.

Il arrive quelquefois que le musicien, pour varier l'expression, intervertit cet ordre, et fait du premier temps de la mesure le temps faible, et le temps fort du second; dans ce cas, il y a une note brève pour le premier temps, (ou le premier demi-temps), et pour le second, une note longue qui se prolonge au temps suivant; c'est ce qu'on appelle une Syncope.

La Syncope est le prolongement sur le temps fort d'un son commencé avec accentuation sur le temps faible; c'est-à-dire qu'une note syncopée a la moitié de sa valeur dans un temps, et l'autre moitié dans le temps suivant.

La Syncope est une sorte de déplacement du temps fort.

Dans l'exemple (A), l'accentuation a lieu sur le second demi-temps; il en est de même pour l'exemple (B).

La syncope peut avoir lieu d'une mesure à l'autre ; dans ce cas, on la marque par une liaison.

Une suite de notes syncopées est une marche à contre-temps.

Quand on doit soutenir plusieurs notes à l'unisson, en articulant seulement la première, on indique cet effet par une liaison.

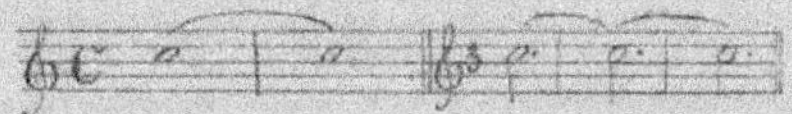

Lorsqu'une note, qui doit se prolonger dans la mesure suivante par l'effet d'une liaison, est altérée par un signe accidentel, on répète ce signe au commencement de la mesure qui suit.

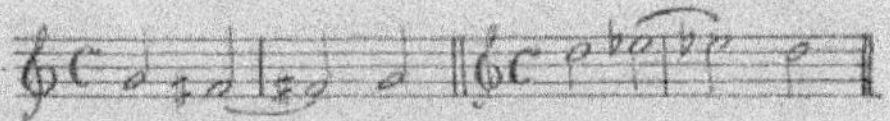

Questionnaire.

Qu'est-ce que Battre la mesure ?
Comment bat-on la mesure à 2 Temps ?
— La mesure à 3 temps ? — La mesure à 4 temps ?
— La mesure à $\frac{2}{4}$? — La mesure à $\frac{6}{8}$?
Comment se bat la mesure à $\frac{3}{8}$? —
— à $\frac{9}{8}$? — à $\frac{3}{2}$? — a $\frac{12}{8}$? —
Comment se battent les mesures indiquées par une fraction ?
Comment bat-on la mesure quand le morceau de musique commence par une mesure incomplète ?
Qu'est-ce que le Point d'orgue ?
Qu'entend-on par Temps fort ? — par Temps faible ?

Quels sont les Temps forts dans la mesure à 2 Temps ? — dans la mesure à 3 temps ? — dans la mesure à 4 temps ? — dans la mesure à $\frac{6}{8}$?
Quels sont les temps faibles dans les mêmes mesures ?
Qu'appelle-t-on Demi-temps ?
Qu'est-ce qu'une Syncope ?
Comment marque-t-on une Syncope qui a lieu d'une mesure à la suivante ?
Comment indique-t-on qu'on doit soutenir plusieurs notes à l'unisson, en articulant seulement la première ?

11e LEÇON.

Sommaire : Silences _ Pause _ Demi-pause _ Soupir _ Demi-soupir _ Quart de soupir _ Huitième de soupir _ Seizième de soupir _ Equivalents des silences _ Point d'arrêt _ Bâtons de mesures _ Silences pointés _ Analyse de la mesure.

Dans un morceau de musique, les sons ne se succèdent pas toujours sans interruption, les repos plus ou moins longs qu'on doit observer, sont indiqués par des signes appelés silences.

Il y a sept silences qui correspondent, chacun, à une valeur de note.

1° La Pause qui équivaut à une mesure entière, quelle qu'elle soit ; elle se place sous la quatrième ligne

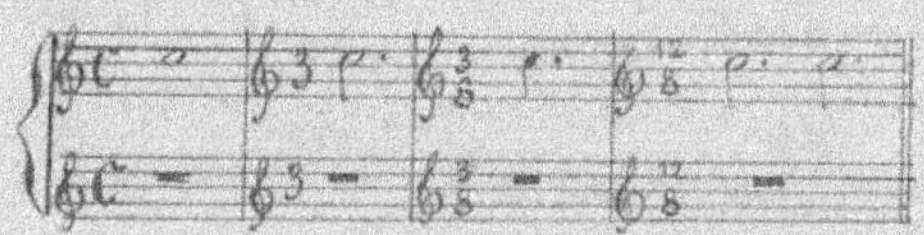

2° La Demi-pause qui équivaut à une blanche, ou à une blanche pointée dans la mesure à 3/4 ; elle se place sur la troisième ligne

3° Le soupir 𝄽 qui équivaut à une noire.

4° Le demi-soupir ——— une croche

5° Le quart de soupir ——— une double croche

6° Le huitième de soupir ——— une triple croche

7° Le seizième de soupir ——— une quadruple croche

Tableau des silences avec les valeurs de notes correspondantes.

Silences	Pause	Demi-pause	Soupir	Demi-soupir	Quart de soupir	8e de soupir	16e de soupir
Valeurs	une mesure entière	Blanche	Noire	Croche	Double croche	Triple croche	Quadruple croche

Le point d'orgue placé sur un silence en prolonge la durée ; ce signe se nomme alors point d'arrêt.

Il y a encore des silences d'une plus longue durée que la pause; ce sont les bâtons de deux, de quatre mesures.

Bâton de 2 mesures. Bâton de 4 mesures

En employant ces deux bâtons et la pause, on peut indiquer le silence d'un nombre quelconque de mesures ou de pauses;

7 Pauses 9 Pauses 17 Pauses.

Plus généralement, on indique le nombre de pauses à compter par des chiffres placés sur la portée

On peut remplacer une ou plusieurs notes d'un triolet par des silences qui ont la même durée que la note qu'ils remplacent

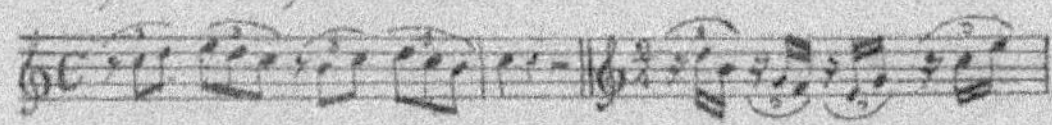

Pour un silence équivalent à un triolet, on écrit un soupir pour les croches, ou un demi-soupir pour les doubles croches.

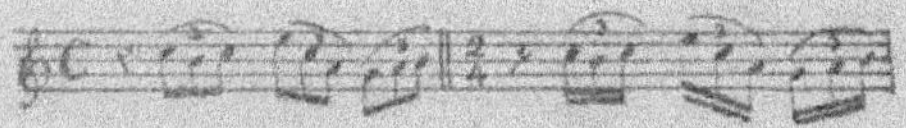

La syncope a également lorsque la première note (la note brève) est remplacée par un silence

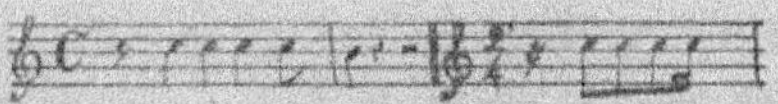

Le point prolonge les silences de la moitié de leur valeur; ainsi, une pause pointée vaut une pause et demie, une demi-pause pointée vaut trois quarts de pause, etc etc.

Equivalents en Notes

Silences pointés

Equivalents en silences

Il est assez d'usage de n'employer le point qu'à partir du quart de pause (ou soupir).

Analyse de la mesure

Nous connaissons maintenant les éléments constitutifs de la mesure, nous pouvons en faire l'analyse.

Analyser la mesure, c'est expliquer toutes les parties dont elle se compose, indiquer les divisions exactes des temps, calculer les valeurs de notes ou de silences qui entrent dans chacun d'eux, reconnaître la place des temps forts et des temps faibles, etc., etc....

Des exercices souvent répétés sur toutes ces opérations ont pour résultat de rendre facile et rapide la lecture musicale sans laquelle il est impossible de devenir bon musicien. Nous recommandons aux élèves de se bien pénétrer de l'importance de ce travail.

Voici quelques exemples qui feront voir de quelle manière on peut s'exercer sur l'analyse de la mesure:

Indication par chiffres des temps de la mesure.

Séparation des mesures par des barres.

Mesures à compléter par des silences.

Substitution de silences aux notes barrées.

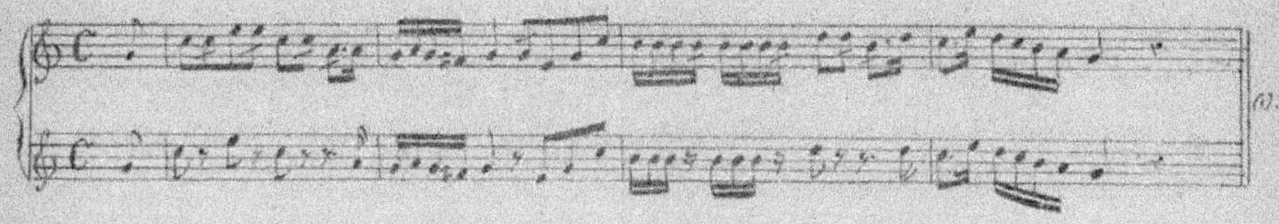

(1).

La Dictée musicale peut aussi être employée d'une manière utile pour l'analyse de la mesure.

Questionnaire.

Qu'appelle-t-on Silences?

Combien y a-t-il de silences?

Nommez-les.

A quoi équivaut la Pause?

A quelle espèce de notes équivaut la Demi-pause? — le Soupir? — le Demi-soupir? — le quart de soupir? — le huitième de soupir? — le seizième de soupir?

Qu'est-ce que le Point d'arrêt?

Quels sont les Silences qui ont une plus longue durée que la pause?

Comment indique-t-on 17 pauses à compter dans un morceau?

Quelle est la durée des silences qui remplacent une ou plusieurs notes d'un Triolet?

Quel est le silence équivalent à un Triolet de trois croches? — à un Triolet de trois doubles croches?

Que signifie le Point après un silence?

Donnez les équivalents en Notes

1° de la Pause pointée — 2° de la Demi-pause pointée. — 3° du Soupir pointé. — 4° du Demi-soupir pointé. — 5° du Quart de soupir pointé. — 6° du Huitième de soupir pointé — 7° du Seizième de soupir pointé.

Qu'est-ce que Analyser la Mesure?

---

(1) MM.rs les Professeurs pourront multiplier ces mesures, en variant les combinaisons des valeurs des Notes et des Silences pour chaque espèce de mesure.

12e LEÇON.

Sommaire : *Phrase musicale _ Membres de phrases _ Période _ Rhythme _ Rhythme simple, complexe _ Carrure des phrases.*

Une phrase musicale est une suite de chant ou d'harmonie qui forme un sens plus ou moins achevé, et qui se termine sur un repos, ou sur une note essentielle du mode.(1)

On appelle membres de petits dessins mélodiques qui composent la phrase, et période l'ensemble de toutes les phrases.

Lorsqu'une suite de notes se répète un certain nombre de fois avec les mêmes valeurs, et dans le même ordre, l'oreille distingue facilement le retour de ces valeurs. Cette symétrie de sons s'appelle rhythme.

Dans l'exemple précédent, chaque membre représente la même série de valeurs, ce qui produit la sensation du rhythme.

C'est par le rhythme que la musique excite les plus vives émotions. Une mélodie sans rhythme est vague, et ne peut se prolonger sans faire naître l'ennui.

La mélodie, l'harmonie et le rhythme sont les trois moyens d'expression, qui concourent, par leur combinaison, à rendre complet l'effet musical.

La puissance du rhythme est si grande, qu'il peut seul rappeler à l'oreille un air qu'on aura dépouillé du charme de l'intonation et de la mélodie. Le rhythme est susceptible de beaucoup de variété. Dans les mouvements lents, il est presque nul ; mais dans les mouvements modérés ou rapides, il est très remarquable.

(1) Voyez ce mot, XIVe Leçon.

Le rhythme est simple quand chaque mesure se compose des mêmes éléments.

Exemples de quelques éléments de rhythme simple

Ordre binaire — etc / etc / etc

Ordre ternaire — etc / etc / etc

Le rhythme est complexe quand les éléments de chaque mesure sont différents

Exemples de quelques éléments de rhythme complexe

Ordre binaire

Ordre ternaire

Dans ce cas, chaque mesure produit une sensation distincte, et le rhythme s'affaiblit. Mais si l'on répète les phrases que nous venons de donner :

Rhythme binaire — 1re phrase / 2e phrase

Rhythme ternaire — 1re phrase / 2e phrase.

L'oreille, sans compter le nombre de mesures, est cependant saisie de la sensation de ce nombre; un nouveau rhythme s'établit alors par la symétrie des phrases; ce rhythme est désigné en musique sous le nom de carrure de phrases. (1)

Exemple de phrases carrées.

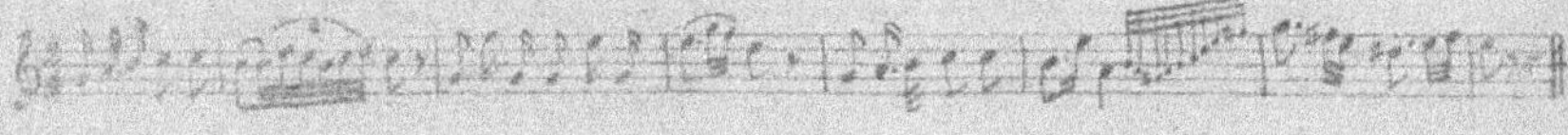

(1) Les notions sur le Rhythme sont extraites de la Musique mise à la portée de tout le monde, par M. Fétis.

Exemple de Carrure vicieuse.

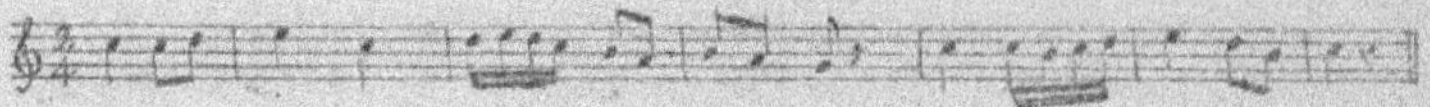

L'expression Carrure de phrase n'implique pas la condition de composer toutes les phrases de quatre mesures ; car, ainsi qu'il y a un rhythme ternaire de temps, il y a aussi un rhythme ternaire de mesure. Une phrase de trois mesures sera donc parfaitement rhythmique, si elle a pour correspondante une autre phrase de trois mesures. (1).

Questionnaire.

Qu'est-ce que la Phrase musicale ?

Qu'est-ce qu'un membre de phrase ?

Qu'est-ce qu'une Période ?

Qu'entend-on par Rhythme ?

Quels sont les trois moyens d'expression qui rendent complet l'effet musical ?

Quand le Rhythme est-il simple ?

Quand le Rhythme est-il composé ?

Qu'entend-on par Carrure des phrases ?

Toutes les phrases, pour être carrées, doivent-elles être composées de quatre mesures ?

---

(1). Il est à remarquer que si l'on change le rhythme d'une phrase musicale, tout en conservant les mêmes notes, la phrase aura une expression toute différente. Par exemple, le vaudeville de Maître Adam, « Aussitôt que la lumière » dont le rhythme est fortement marqué, donnera note pour note la Musette de Nina, si l'on a soin de l'exécuter avec douceur, en remplaçant les saccades des points par les molles ondulations du triolet.

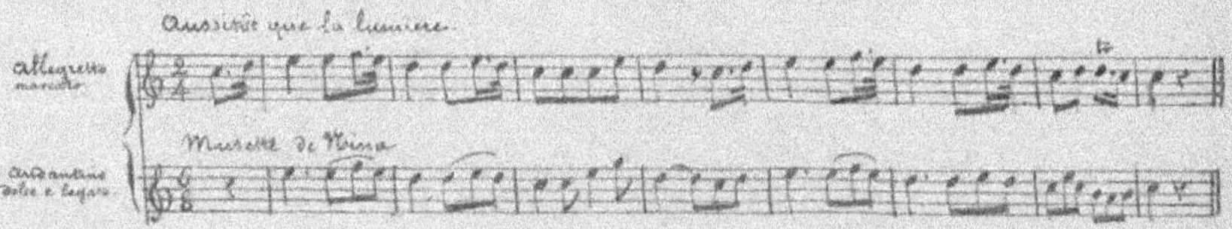

13e LEÇON.

Sommaire : Autre définition du mot Ton. _ Tonique _ Sus-tonique. _ Médiante _ Sous-dominante. _ Dominante. _ Sus-dominante. _ Sensible. Des Dièses et des Bémols à la clef _ Sept tons avec des dièses _ Position des dièses à la clef _ Sensibles des tons diésés. _ Sept tons avec des bémols. _ Position des bémols à la clef _ Sensibles des tons bémolisés. _ Réduction des quinze tons à douze.

Nous avons considéré jusqu'à présent la gamme qui a l'ut pour point de départ. On peut aussi commencer une gamme par le ré, par le mi, etc, en modifiant les intervalles de manière à obtenir une série de tons et de demi-tons analogue à celle de la gamme d'ut, et l'on aura alors la gamme de ré, la gamme de mi etc.

Au lieu des expressions gamme d'ut, gamme de ré etc, on est convenu de dire aussi : le ton d'ut, le ton de ré etc., Ici le mot ton désigne la première note d'une gamme quelconque.

Avant d'exposer la génération de ces différents tons, il est nécessaire d'avertir que les degrés d'une gamme ont des noms particuliers qui indiquent leur fonction, soit dans la constitution de la gamme, soit dans la formation des accords.

Voici les dénominations des différents degrés de la gamme :

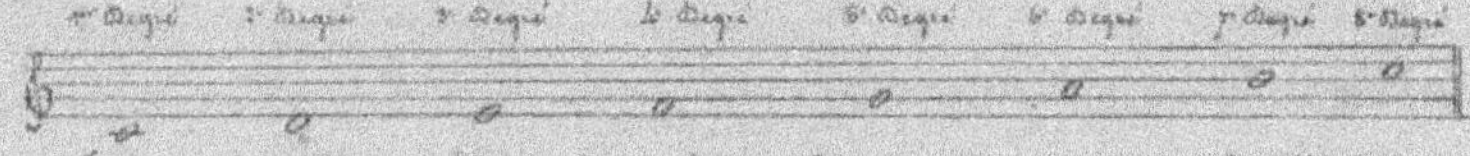

La première note de toute gamme s'appelle tonique ou note du ton. La seconde note est la sus-tonique ; la troisième est la médiante (1) ; la quatrième est la sous-dominante ; la cinquième est la dominante ; (2), la sixième est la sus-dominante ; la septième est la sensible, c'est-à-dire la note qui fait pressentir la tonique vers laquelle elle marche.

La sus-dominante s'appelle aussi sous-sensible.

---

(1). Ce degré est ainsi nommé parce qu'il partage en deux tierces l'intervalle de quinte qui se trouve entre la Tonique et la Dominante.

(2). On a donné ce nom à la quinte, parce que cette note domine constamment le Ton dans lequel un morceau est écrit, attendu qu'elle fait partie des deux accords qui viennent le plus souvent frapper l'oreille : accord sur la Tonique, ut mi sol ; accord sur la Dominante sol si ré.

Dièses à la Clef

Nous avons vu que dans la gamme le premier demi-ton se place du 3e au 4e degré, et le second du 7me au 8me.

Reprenons la gamme d'ut naturel :

Ton d'ut

Si nous voulons changer la tonique, il faudra toujours observer cette condition essentielle de placer les deux demi-tons du 3me au 4me degré, et du 7me au 8me ;

Dans cette gamme en ut, prenons pour tonique sol (quinte d'ut en montant) ; le premier demi-ton se trouve bien placé, mais, pour rétablir les rapports, il faut augmenter d'un demi-ton l'intervalle entre le 7me et le 8me degré, c'est-à-dire mettre un dièse au fa, ce qui produira le demi-ton exigé entre le 7me et le 8me degré.

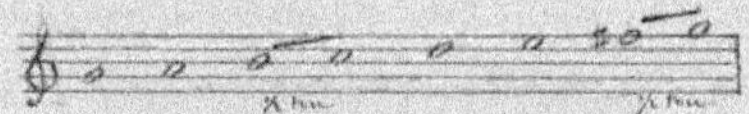

Donc, dans le ton de sol, le fa doit être diésé. Pour ne pas répéter le dièse autant de fois que le fa se représentera, on écrit un dièse à la clef sur la ligne du fa (1).

Ton de sol

N.B. Nous avons pris pour nouvelle tonique sol, quinte d'ut, parce que la gamme en sol est celle qui procède de la gamme d'ut avec le moins d'altération (un dièse). Cette remarque peut s'appliquer aux gammes suivantes.

Dans cette gamme en sol, prenons pour tonique ré (quinte de sol) ;

Le premier demi-ton se trouve encore convenablement placé, et pour obtenir le second il suffit de dièser l'ut,

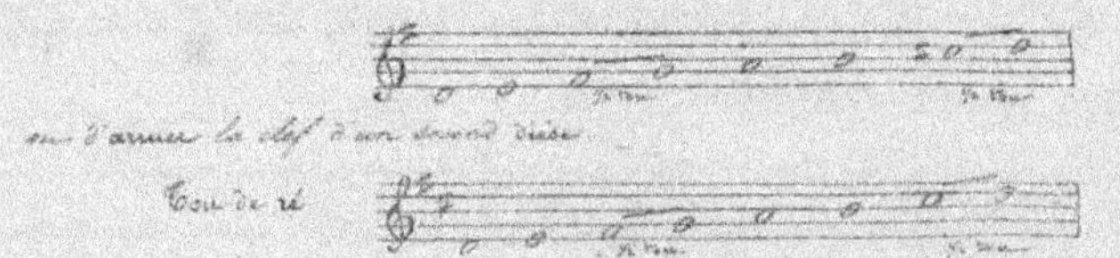

on armera la clef d'un second dièse.

Ton de ré

---

(1) Les dièses et les bémols placés à la clef sont les signes d'altération permanente dont nous avons parlé plus haut.

En continuant de prendre ainsi pour point de départ la quinte (en montant) du ton précédent, il faudra ajouter pour chaque gamme un nouveau dièse qui sera évidemment à la quinte du dernier dièse placé avant lui.

N.B. Ce nouveau dièse se trouvera toujours sur la note sensible de la nouvelle tonique.

Prenons donc pour toniques la (quinte de ré), mi (quinte de la), si (quinte de mi), fa♯ (quinte de si), ut♯ (quinte de fa♯), nous aurons les gammes suivantes :

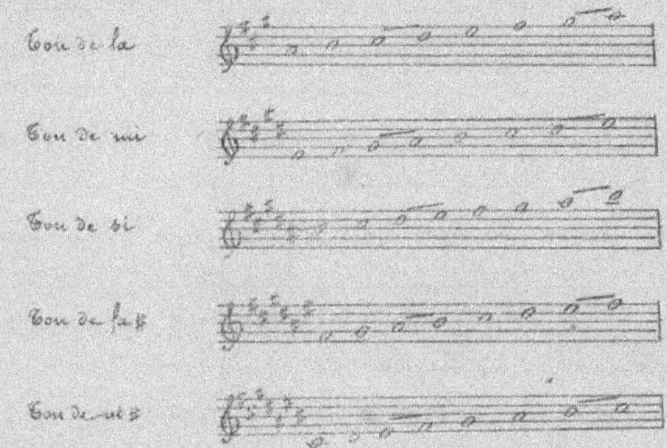

Nous pouvons conclure de ce qui précède, 1° que les dièses se placent à la clef de quinte en quinte en montant.

2° que les toniques ut, sol, ré, la, mi, si, fa♯, ut♯, ont pour sensibles si, fa♯, ut♯, sol♯, ré♯, la♯, mi♯, si♯

La tonique d'une gamme majeure avec des dièses est donc la note au-dessus du dernier dièse placé à la clef.

La sensible est toujours placée à un demi-ton diatonique au-dessous de la tonique. Dans le ton d'ut♯, par exemple, la sensible doit monter sur l'ut par si♯, et non par ut naturel, ce dernier demi-ton étant chromatique.

N.B. Les gammes que nous venons de construire avec des dièses, sont appelées majeures, parce que le 3me degré fait une tierce majeure avec la tonique. Par la même raison les gammes avec des bémols dont nous allons parler, sont aussi majeures.

Bémols à la Clef

Soit encore la gamme d'ut naturel.

Prenons pour point de départ d'une nouvelle gamme le fa (quinte d'ut en descendant); il faudra diminuer d'un demi-ton l'intervalle entre le 3ème et le 4ème degré, en affectant le si d'un bémol. L'intervalle entre le 7ème et le 8ème degré ne doit point éprouver d'altération, puisqu'il est d'un demi-ton dans la gamme d'ut de laquelle nous faisons procéder cette nouvelle gamme; nous écrirons donc :

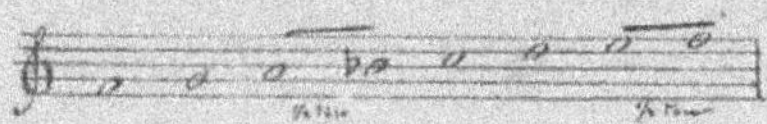

ou en armant la clef d'un bémol sur la ligne du si, ce qui suffira pour rendre bémols tous les si.

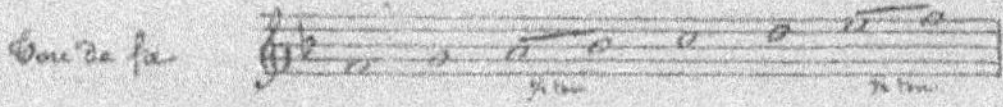

Dans cette gamme en fa, choisissons pour tonique si♭ (quinte de fa en descendant); il faudra encore pour déterminer le premier demi-ton diminuer l'intervalle du 3ème au 4ème degré, en affectant le mi d'un bémol; l'intervalle du 7ème au 8ème degré ne doit point subir d'altération, puisqu'il est justement d'un demi-ton dans la gamme de fa de laquelle nous partons.

Nous écrirons donc :

ou en armant la clef d'un bémol sur la ligne du mi,

En continuant de prendre ainsi pour point de départ la quinte (en descendant) (1) du ton précédent, il faudra ajouter pour chaque gamme un nouveau bémol qui sera évidemment à la quinte en descendant du dernier bémol placé avant lui.

---

(1). Ou la quarte en montant.

Prenons pour toniques mi♭ (quinte de si), la♭ (quinte de mi♭), ré♭ (quinte de la♭), sol♭ (quinte de ré♭), ut♭ (quinte de sol♭), nous aurons les gammes suivantes :

Nous pouvons conclure de ce qui précède 1° que les Bémols se placent à la clef de quinte en quinte en descendant

Position des Bémols

2° que les toniques ut, fa, si♭, mi♭, la♭, ré♭, sol♭, ut♭, ont pour

sensibles si♮, mi♮, la♮, ré♮, sol♮, ut♮, fa♮, si♭.

La tonique d'une gamme majeure avec des bémols est à une quarte au dessous, ou à une quinte au dessus du dernier bémol posé à la clef. Lorsqu'il y a plusieurs bémols à la clef, l'avant-dernier indique la tonique.

En comparant la position des Dièses à la clef avec la position des bémols, on peut remarquer que l'une est inverse de l'autre.

Tableau des différents Tons

Les quatorze tons, de ce tableau joints au ton d'ut naturel présentent, en apparence, quinze tons différents qui, en réalité, se réduisent à douze, car une octave ne composant que douze demi-tons, on ne peut trouver que douze tons différents propres à servir de base à une gamme; il y a donc dans ce tableau des tons identiques. En effet, le ton d'ut♯ se confond avec le ton de ré♭, le ton d'ut♭ se confond avec le ton de si (5 dièses), et le ton de fa♯ n'est autre chose que le ton de sol♭.

Questionnaire.

Comment nomme-t-on le 1er degré de la Gamme? —— le 2me degré? — le 3me degré? — le 4me degré? — le 5me degré? — le 6me degré? — le 7me degré? —

Pourquoi la première note de la gamme se nomme-t-elle Tonique?

Pourquoi la 7me note se nomme-t-elle Sensible?

Des Dièses à la Clef.

Quand on prend pour Tonique un quelconque des douze demi-tons de la gamme, quelle condition faut-il observer pour former une nouvelle gamme semblable à celle d'ut?

Si, dans la gamme d'ut, on prend sol pour Tonique, quelle note devra subir une altération pour que la gamme en sol soit exacte?

Si, dans la gamme de sol, on prend ré pour Tonique, quelle note devra subir une altération pour que la gamme en ré soit exacte?

Comment peut-on passer du ton de ré au ton de la, du ton de la au ton de mi, du ton de mi au ton de si, du ton de si au ton de fa♯, du ton de fa♯ au ton d'ut♯?

Comment se placent les Dièses à la clef? Nommez-les dans l'ordre de leur position.

Quel est le ton qui ne prend aucun signe d'altération à la clef?

Quel est le ton qui demande un dièse à la clef?

—————— 2 dièses à la clef?

—————— 3 dièses à la clef?

—————— 4 dièses à la clef?

—————— 5 dièses à la clef?

—————— 6 dièses à la clef?

—————— 7 dièses à la clef?

Quelles sont les Sensibles des tons just ut, sol, ré, la, mi, si, fa♯, ut♯?

A quel intervalle la Sensible est-elle de la Tonique?

Qu'est-ce qu'une gamme majeure?

Dans un Ton majeur avec ses dièses, où se trouve toujours la Tonique?

Des Bémols à la clef

Si, dans la gamme d'ut, on prend fa pour Tonique, quelle note devra subir une altération pour que la gamme en fa soit exacte?

Si, dans la gamme de fa, on prend si♭ pour Tonique, quelle note devra subir une altération pour que la gamme en si♭ soit exacte?

Comment peut-on passer du ton de si♭ au ton de mi♭?

du ton de mi b au ton de la b, du ton de la b au ton de ré b, du ton de ré b au ton de sol b, du ton de sol b au ton d'ut b ?

Comment se placent les Bémols à la clef ?

Nommez les dans l'ordre de leur position ?

Quel est le ton qui demande un bémol à la clef ?

——— 2 bémols à la clef ?

——— 3 bémols à la clef ?

——— 4 bémols à la clef ?

——— 5 bémols à la clef ?

——— 6 bémols à la clef ?

——— 7 bémols à la clef ?

Quelles sont les sensibles des Toniques fa, si b, mi b, la b, ré b, sol b, ut b ?

Dans un Ton majeur avec des bémols, où se trouve toujours la Tonique ?

Que remarque-t-on quand on compare la position des Dièzes à la clef avec celle des Bémols ?

Quels sont les Tons par Dièzes équivalents aux Tons par Bémols, c'est-à-dire qui ont la même Tonique écrite differemment ?

Combien y a-t-il de Tons en tout, en comptant le Ton d'ut naturel ?

14.e LEÇON.

Sommaire. *Modes. — Mode majeur. — mineur. — Modes relatifs. — Tonique du mode mineur. — Sensibles des Tons mineurs. — Conversion d'une gamme majeure en gamme mineure. — Ton de Ré b mineur. — de Sol b mineur. — d'Ut b mineur. — Modulation.*

On appelle mode la manière dont sont disposés les intervalles à partir de la note principale, la tonique.

Cette succession des intervalles peut avoir lieu de deux manières.

1.° Lorsque la 3.me note de l'échelle fait une tierce majeure avec la Tonique, c'est le mode majeur.

2.° Lorsque la 3.me note de l'échelle fait une tierce mineure avec la Tonique, c'est le mode mineur.

On ne peut écrire la gamme majeure que d'une seule manière, mais la gamme mineure peut être représentée sous trois formes : (1)

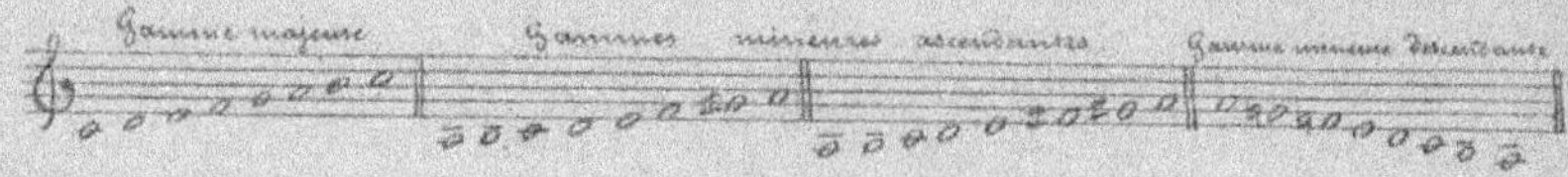

Dans la première gamme mineure le sol est dièsé, comme note sensible ; dans la deuxième gamme on dièse aussi le fa pour rendre l'intonation plus facile, ce qui altère beaucoup le caractère du mode mineur.

La dernière gamme peut être considérée comme la véritable gamme mineure, attendu qu'elle ne renferme aucun signe altératif. Les tons et les demi-tons y sont disposés dans l'ordre suivant : (en descendant) un ton, un ton, un demi-ton, un ton, un ton, un demi-ton, un ton.

Les deux demi-tons se trouvent placés du 3e au 4e degré, et du 6e au 7me.

Modes relatifs.

Nous venons de voir que de la gamme en ut majeur, on peut tirer la gamme en la mineur ; il en est de même de toutes les autres gammes majeures qui peuvent donner lieu, chacune, à une gamme mineure.

Le mode mineur correspondant à un mode majeur s'appelle mode relatif (ou ton relatif) parce qu'il demande le même nombre de dièses ou de bémols à la clef.

La tonique du mode mineur relatif est placée une tierce mineure (un ton et un demi-ton) au-dessous de la tonique du mode majeur. (2).

---

(1). Mode majeur, ton majeur, gamme majeure, sont ici des expressions synonymes.

(2). Ou bien : Dans les tons mineurs (par dièses) la tonique est placée un degré au-dessous du dernier dièse posé à la clef ;
Dans les tons mineurs (par bémols), la tonique est placée trois degrés au-dessus, ou deux degrés au-dessous du dernier bémol posé à la clef.

Voici le tableau des modes ou tons majeurs avec leurs relatifs mineurs et les sensibles des tons mineurs.

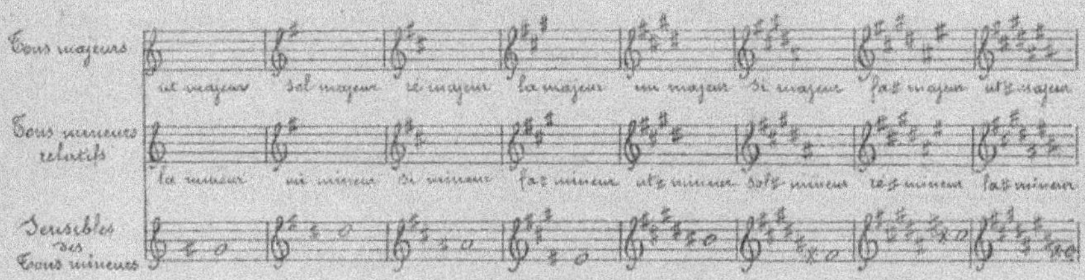

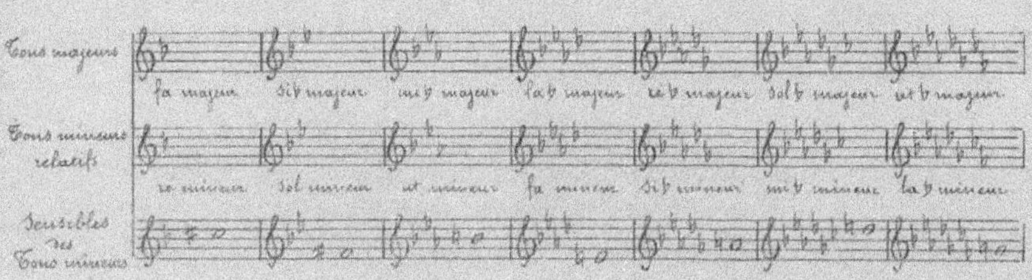

Mais comment reconnaître si un morceau est écrit dans le mode majeur ou dans le mode mineur relatif, puisque ces deux modes s'annoncent à la clef de la même manière? Voici quelques observations qui peuvent faciliter cette distinction.

On est généralement en mineur :

1° Si la quinte du ton majeur est altérée dans les premières mesures du morceau; dans ce cas elle devient la sensible du ton mineur relatif.

N.B. Cette quinte, comme on le voit dans le tableau précédent, est toujours altérée par un dièse ou un double-dièse dans les tons mineurs par dièses, et par un bécarre ou un dièse dans les tons mineurs par bémols.

N.B. Cette règle n'est pas absolue, en voici un exemple dans lequel la sensible du ton mineur ne se rencontre pas.

Ton de la mineur

et réciproquement, la quinte du ton majeur peut être altérée sans que le mode cesse d'être majeur.

Ton d'ut majeur

2° Si, dans les accords, l'oreille éprouve la sensation de la tierce mineure.

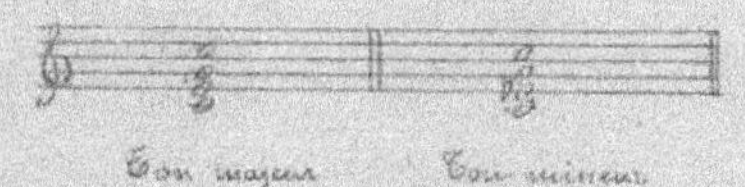

Ton majeur Ton mineur

3° Si la Basse d'accompagnement finit sur la tonique du mineur relatif.

Ton d'ut mineur

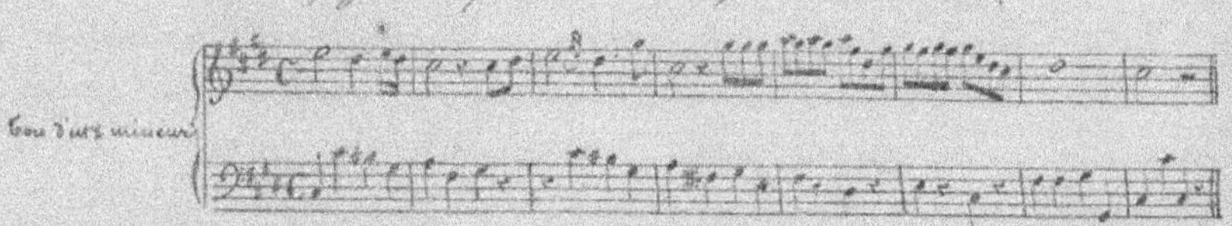

Le caractère du morceau de musique peut aussi donner le sentiment du mode mineur dont l'expression est souvent triste et mélancolique.

Dans quelques ouvrages élémentaires on place un dièse ou un bécarre avant la clef sur la sensible du mode mineur.

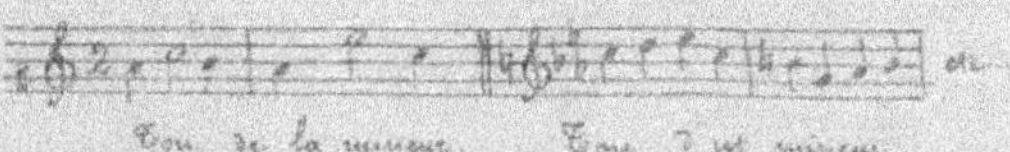

etc.

Ton de la mineur. Ton d'ut mineur.

Si rien ne donne lieu aux observations précédentes, le morceau est généralement en majeur.

Conversion d'une gamme majeure en gamme mineure

Une note quelconque pouvant être le point de départ d'une gamme majeure ou d'une gamme mineure, examinons quelles altérations il faudrait faire subir à la gamme d'ut majeur, par exemple, pour qu'elle devînt une gamme en ut mineur.

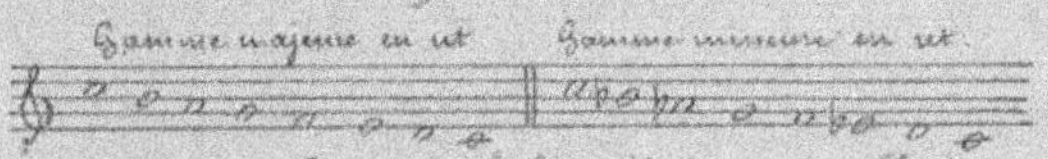

En donnant aux tons et aux demi-tons la disposition convenable à une gamme mineure descendante, comme nous l'avons vu plus haut, on voit que les notes mi, la, si, ou la tierce, la sixte et la septième sont affectées d'un bémol ; or, ce sont précisément les trois premiers bémols qui se posent à la clef ; donc, le ton d'ut mineur aura trois bémols de plus que le ton d'ut majeur (3 signes d'abaissement)

Si nous voulons maintenant rendre mineure une gamme en la majeur avec trois dièses, nous aurons :

La tierce, la sixte et la septième sont baissées d'un demi-ton dans la gamme en la mineur ; or, ces trois degrés sont précisément les mêmes que ceux qui ont été altérés dans la gamme d'ut majeur, pour la transformer en ut mineur ; donc, le ton de la mineur aura trois dièses de moins que le ton de la majeur (3 signes d'abaissement, comme plus haut)

Changeons le ton de ré majeur en ré mineur :

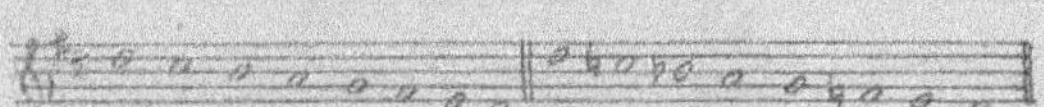

Les mêmes intervalles que ci-dessus sont encore baissés d'un demi-ton ; seulement, nous avons introduit au lieu des trois dièses de moins, un bémol et deux bécarres qui en sont l'équivalent ; nous retrouvons donc toujours nos 3 signes d'abaissement.

Règle générale : Pour passer du mode majeur au mode mineur (même tonique), il suffit d'ajouter à la clef trois signes d'abaissement qui portent sur la tierce, la sixte et la septième (1)

Ou autrement : On ajoute à la clef trois bémols ou l'équivalent ; c'est-à-dire que s'il y a un dièse, on le supprime, et l'on ajoute deux bémols, s'il y a quatre dièses, on en supprime trois etc, etc..

Il sera facile, réciproquement, de passer du mode mineur au mode majeur.

---

(1) La tierce, la sixte et la septième sont appelées notes modales et variables, parce que si on les baisse, on change seulement de mode, sans changer de ton. La tonique, la quarte et la quinte sont qualifiées de notes tonales et invariables, parce que si on les altère par dièse ou par bémol, on change de ton.

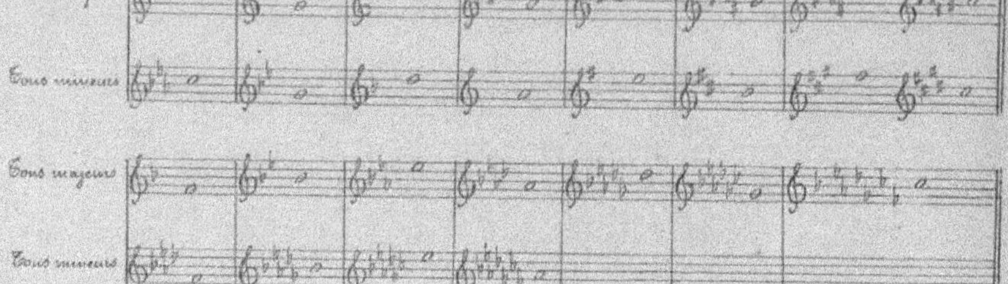

Il faudrait ajouter pour le ton de ré♭ mineur, ut♭, fa♭, si♭♭, pour le ton de sol♭ mineur, fa♭, si♭♭, mi♭♭; pour le ton d'ut♭ mineur, si♭♭, mi♭♭, la♭♭, mais, comme on ne met pas de double bémol à la clef, les notes si, mi, la prennent accidentellement un double bémol.

Les tons chargés de bémols étant peu usités, on les remplace par leurs équivalents en dièses. Ainsi, au lieu de ré♭ mineur, on écrit ut♯ mineur; au lieu de sol♭ mineur, on écrit fa♯ mineur, et au lieu d'ut♭ mineur, on écrit si♮ mineur (avec 2 dièses)

Quand on passe d'un ton majeur au ton mineur (de même tonique), ou d'un ton mineur au ton majeur on remplace quelquefois les dièses et les bémols supprimés par un nombre égal de bécarres.

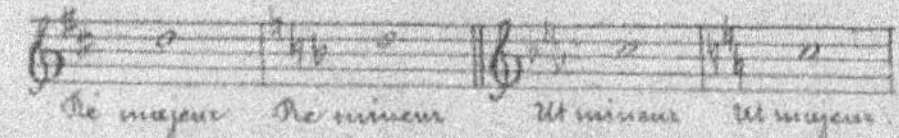

Modulation

La modulation est l'art de conduire l'harmonie ou le chant successivement dans des tons ou des modes différents.

La modulation est peut-être la source la plus féconde des richesses et des beautés de l'harmonie; elle répand de la variété dans un morceau de musique, et détruit la monotonie.

« Quel que soit le ton principal choisi par l'auteur d'une composition musicale, plusieurs autres tons se groupent autour de ce ton principal avec des rapports d'analogie.

S'il s'agit d'un ton majeur, on trouve d'abord le ton mineur relatif, puis celui qui a un dièse ou un bémol de plus, ou enfin celui qui a un dièse ou un bémol de moins.

Supposons, par exemple, le ton de ré majeur (avec 2 dièses); le compositeur peut conduire la modulation en si mineur, où il y a le même nombre de dièses; il peut passer en la, enfin mineur, avec un dièse de plus, ou en sol, avec un dièse de moins.» (1) Voici un exemple de modulation d'un ton avec des dièses.

(1) Mr Fétis

S'il est question d'un ton mineur, on trouve d'abord le ton majeur relatif, puis celui qui a un dièse ou un bémol de plus, ou enfin celui qui a un dièse ou un bémol de moins.

Ces quatre modulations, deux en majeur, deux en mineur, sont appelées fondamentales. Plus une nouvelle gamme a de notes communes avec celle que l'on quitte, plus facile et plus douce est la modulation.

La modulation la plus simple, la plus naturelle est celle où la mélodie passe d'un ton majeur dans un autre ton majeur qui a un bémol de moins, ou un dièse de plus, comme de ré en la ; ou bien, d'un ton mineur au ton majeur relatif, comme de si mineur en ré majeur (1).

La modulation enharmonique en attribuant une double fonction à une seule et même note, permet au compositeur de passer brusquement dans les tons même les plus éloignés du point de départ. « L'enharmonie, dans le sens de la musique moderne, dit M. Fétis, consiste dans une tendance multiple à des tons divers. » L'exemple suivant donnera une idée de ce genre de modulation.

Supposons le ton d'ut établi, nous arriverons, par l'enharmonie, au ton de si♭ majeur.

Questionnaire.

Qu'appelle-t-on Mode ?

Combien y a-t-il de Modes ?

En quoi diffèrent le Mode majeur et le Mode mineur ?

De combien de manières peut-on écrire une gamme mineure ? (La gamme de La mineur par exemple.)

Quelle est la véritable gamme mineure ?

Quelles altérations subissent les deux gammes mineures ascendantes ?

Dans quel ordre sont disposés les tons et les demi-tons de la gamme mineure descendante ?

Où sont placés les deux demi-tons dans la gamme mineure descendante ?

---

(1) Les compositeurs ne s'astreignent pas toujours à ces règles générales. Rossini passe souvent d'un ton majeur à un ton mineur avec un dièse de plus, comme du ton de ré majeur, au ton de fa♯ mineur.

Modes relatifs.

Qu'appelle-t-on Modes ou Tons relatifs ?

Où est placée la Tonique du mode mineur relativement au mode majeur ?

Quel est le mineur relatif du Ton d'ut ? — du Ton de sol ? — du Ton de ré ? — du Ton de la ? — du Ton de mi ? — du Ton de si ? — du Ton de fa♯ ? — du Ton de ut♯ ?

Quel est le mineur relatif du Ton de fa avec un bémol à la clef ? — du Ton de si♭ ? — du Ton de mi♭ ? — du Ton de la♭ ? — du Ton de ré♭ ? — du Ton de sol♭ ? — du Ton d'ut♭ ?

Quelle est la Sensible du Ton mineur quand il n'y a rien à la clef ?

Quelle est la Sensible du Ton mineur quand il y a un dièze à la clef ? — quand il y a un bémol ? — quand il y a 2 dièzes ? — quand il y a 2 bémols ? — quand il y a 3 dièzes ? — quand il y a 3 bémols ? — quand il y a 4 dièzes ? — quand il y a 4 bémols ? etc. etc. ……

Comment reconnaît-on si un Ton est majeur ou mineur ?

Conversion d'une gamme majeure en gamme mineure

Quelle altération faut-il faire subir à la gamme d'ut majeur, pour qu'elle devienne une gamme en ut mineur ?

Quelle altération faut-il faire subir à la gamme de la majeur, pour qu'elle devienne une gamme en la mineur ?

Comment peut-on passer du ton de ré majeur au ton de ré mineur ?

Quels sont les Intervalles qui souffrent des altérations dans le passage d'une gamme majeure à une gamme mineure de même Tonique ?

Quelle est la Règle générale pour passer du mode majeur au mode mineur de même Tonique ? et réciproquement ? —

Comment indiquerait-on les trois tons mineurs ré♭, sol♭, ut♭ ?

Par quels tons peut-on remplacer les Tons de ré♭ mineur, de sol♭ mineur, d'ut♭ mineur ?

Modulation.

Qu'est-ce que la Modulation ?

Dans quels tons peut-on moduler généralement en partant 1° d'un Ton majeur ? — 2° d'un Ton mineur ?

Dites en quels Tons on peut moduler quand on est dans le Ton de ré majeur ?

Dites en quels Tons on peut moduler quand on est dans le Ton de si♭ ? — id. quand on est dans le Ton de sol majeur ? — etc.

En quoi consiste la Modulation enharmonique ?

15e LEÇON.

Sommaire : *Transposition — Transposition écrite, — instantanée — Synonyme*

La Transposition est le changement qui résulte de l'élévation ou de l'abaissement de la tonique.

La Transposition a pour but de rendre l'exécution d'un morceau plus facile, soit pour la voix, quand le ton est écrit trop haut ou trop bas, soit pour les instruments qui rencontrent quelquefois des tons peu favorables.

Cette modification de la Tonique peut s'opérer de trois manières.

1° En conservant la clef, mais en l'armant des dièses ou des bémols qui appartiennent au ton dans lequel on transpose : c'est la transposition écrite ou notée.

Dans ces exemples, le chant est élevé successivement d'un demi-ton, d'un ton; il est aussi baissé d'un demi-ton, d'un ton.

Il faut remarquer que l'exemple primitif commençant par la quinte, chaque transposition commence aussi par la quinte. Quel que soit le ton dans lequel on transpose, il faut toujours partir du même degré.

Si l'on voulait transposer à de trop grands intervalles au dessus ou au dessous de la tonique proposée, il faudrait changer de clef, pour éviter les lignes supplémentaires.

Soit à transposer six degrés plus bas le chant en ut ci-dessus, on pourra choisir la clef d'ut, 3e ligne, avec quatre dièses.

Ton de mi

2° En conservant les notes à leur position, mais en supposant mentalement une clef et une armure différentes de celles qui sont écrites. C'est la transposition instantanée.

Ton d'ut

A la clef de sol, substituons, par la pensée, d'autres clefs et une armure convenable, nous pourrons transposer cette phrase dans tous les tons de la gamme, sans changer la position des notes.

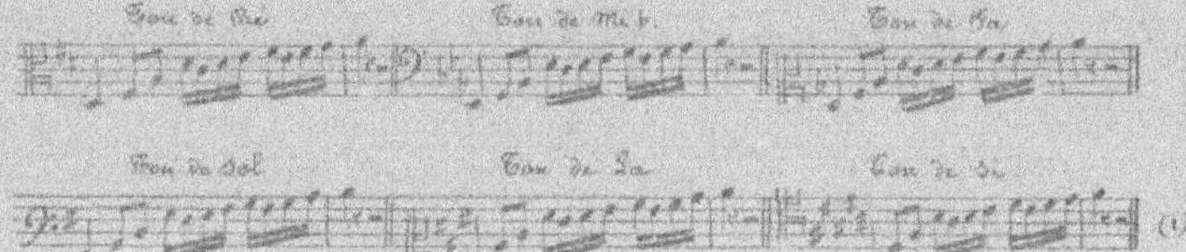

(1)

3° En conservant la clef et la position des notes. Lorsqu'on hausse ou qu'on baisse le morceau d'un demi-ton seulement, on peut se dispenser d'avoir recours au changement de clef. C'est la transposition synonyme.

Soit la phrase suivante en la ♭.

à transposer en la naturel, il suffit de supposer mentalement 3 trois dièses à la clef, et l'on exécute comme si la phrase était écrite ainsi :

Ce mode de transposition est facile lorsque le morceau n'est pas trop chargé d'accidents.

1re Remarque. La transposition instantanée est nécessaire à l'accompagnateur qui doit jouer dans un autre ton que celui qui est indiqué.

Cette transposition ne demande aucun travail intellectuel au chanteur, il suffit que le piano ou l'orchestre lui donne l'intonation nouvelle. Ainsi, dans cet exemple :

Le chanteur peut toujours dire : ut, la, fa, fa, mi, ré, ut, etc... pendant que l'accompagnateur fera réellement ré, si, sol, sol, fa, mi, ré, etc... si le morceau a été transposé mentalement en sol. (clef d'ut, 2e ligne, et un dièse à la clef.)

---

(1) Par cette méthode, la hauteur des tons varie presque toujours d'une ou de plusieurs octaves, mais il est facile, dans l'exécution, de les ramener au diapason voulu.

2me Remarque. Il est essentiel de bien traduire les signes accidentels qui se présentent dans le morceau qu'on transpose car il peut arriver que le dièse soit remplacé par le bécarre, celui-ci par le bémol, et réciproquement; le double dièse peut se substituer au dièse ou au bécarre etc, etc...

Exemples:

On peut conclure de ce qui précède que la connaissance des différentes clefs est nécessaire pour la transposition.

Cette opération de la transposition serait inexécutable, s'il fallait la faire sur chaque note, tandis qu'elle devient facile par la supposition d'une clef qu'on s'est accoutumé à lire. Or, quelques mois d'études suffisent pour familiariser les élèves avec ces clefs qui, par leur diversité, rendent complet le système des signes d'intonation.

Questionnaire.

Qu'est-ce que la Transposition ?
Combien de sortes de Transpositions ?
Nommez-les.
En quoi consiste la Transposition écrite ou notée ?
En quoi consiste la Transposition instantanée ?
Qu'est-ce que la Transposition synonyme ?
Quelle précaution à prendre dans la transposition relativement aux signes accidentels ?

16e LEÇON.

Sommaire: Mouvement. — Trois genres principaux de mouvement. — Nomenclature italienne. — Métronome.

Le mot **mouvement** s'emploie dans le sens le plus général pour indiquer le degré de lenteur ou de rapidité avec lequel un morceau de musique doit être exécuté. Il existe une variété infinie de nuances dans ce degré de lenteur ou de vitesse. On les divise cependant en trois classes: mouvement lent, modéré, vif.

Longtemps on s'est contenté pour les désigner, de termes italiens qui les déterminent plus ou moins vaguement. En voici la nomenclature avec la signification :

Largo ou Lento	Lent	Tempo giusto	Temps convenable, modéré
Larghetto	Moins lent que Largo		
Adagio	id	Allegretto	Un peu gai
Cantabile	id	Allegro	Gai, animé
Affettuoso	Avec sentiment	Leggiero	Léger, légèrement
Amoroso	id	Con brio, con fuoco	Avec feu
Maestoso	Avec majesté	Scherzo	En badinant
Grave	Grave	Agitato	Agité
		Vivace	Vif
Moderato	Modérément	Presto	Vite
Andantino	Un peu plus lent qu'andante	Prestissimo	Très vite
Andante	Posément	Alla breve	Très vite.
Grazioso	Avec grâce.		

On joint quelquefois à ces expressions d'autres mots qui les modifient.

Un poco, un peu ; un poco adagio : un peu lent
un poco allegro : un peu vif
Molto ou assai beaucoup : molto lento : très lent
allegro assai : très animé, presto
Sostenuto, soutenu : Andante sostenuto, plus lent qu'andante
Ma non troppo, mais pas trop : allegro ma non troppo.
Non troppo, pas trop : non troppo adagio.

Allegro commodo : À l'aise, sans se presser
Allegro risoluto, ou spiritoso : avec résolution, avec chaleur
Allegro mosso, ou con moto : Plus vite qu'allegro
Tempo di marcia : Mouvement de marche
Tempo di minuetto : À peu près andante
Pastorale : id
Alla Polacca : À peu près allegro

L'emploi du superlatif modifie encore le sens primitif : Larghissimo, très large, etc. etc. —

Dans le courant d'un morceau, le mouvement peut être pressé ou ralenti, cette altération est encore indiquée par des mots italiens :

accelerando : en accélérant le mouvement
stringendo : en pressant
Più moto, più presto, più stretto : plus vite, plus serré
Alla stretta : en serrant

Più lento : plus lent
Rallentando ou Rallent. : en ralentissant
Ritardando ou Ritard. : en retardant
Ritenuto : en retenant

Pour rentrer dans le mouvement primitif, on écrit tempo primo, ou in istesso tempo.

Certains passages doivent être exécutés sans avoir égard à la mesure ; on en est averti par les mots : ad libitum, ou a piacere (comme on veut, ou à volonté). Les mots a tempo indiquent que le morceau reprend son premier mouvement. — Senza tempo, senza misura.

Métronome.

Les indications de mouvement dont nous venons de parler sont loin d'avoir la même valeur pour les divers compositeurs. Le mouvement allegro, par exemple, peut être pour l'un un presto, tandis qu'il sera pour l'autre un allegretto. (1) On serait donc réduit, pour saisir le mouvement d'un morceau, à le deviner, ce qui occasionnerait une foule d'erreurs et une perte de temps, ou à consulter la tradition, ce qui n'est possible que dans un petit nombre de cas. L'invention d'un instrument nommé métronome (régulateur de la mesure), a mis un terme à ces tâtonnements et à ces erreurs.

Le métronome a été inventé ou plutôt perfectionné par Maelzel en 1816. La pièce principale du métronome consiste en un balancier qu'un mécanisme d'horlogerie met en mouvement. Le balancier fait entendre des battements plus ou moins rapides selon qu'on rapproche plus ou moins de l'axe un contrepoids qui peut glisser le long de la tige oscillante.

L'unité de temps est la minute. Les oscillations les plus lentes sont indiquées par le numéro 50 et les plus rapides par le numéro 160.

Chaque battement peut représenter une ronde, une blanche, une noire, une croche etc. suivant l'intention du compositeur.

Le métronome donne 26 mouvements différents. En changeant la valeur musicale affectée à chaque oscillation, c'est-à-dire en prenant tel battement pour une blanche, ou pour une noire, ou pour une croche, pour 2 temps, pour 3 temps réunis, ou même pour une mesure entière, on obtient une série de près de 200 mouvements qui servent à exprimer toutes les nuances perceptibles à l'oreille la plus délicate.

Les compositeurs indiquent maintenant en tête d'un morceau le numéro du métronome qui doit en faire connaître le mouvement.

Metr. 𝅗𝅥 = 50.

C'est-à-dire qu'en plaçant le contrepoids sur le N° 50, chaque battement représente une blanche et que la durée d'une minute doit comporter 50 blanches.

Pour que les battements représentent une noire, une croche, on écrit :

Metr. ♩ = 80

Metr. ♪ = 120 etc.....

Au moyen du métronome, il est facile en tout lieu et à toute époque, de se conformer à l'intention du compositeur, en exécutant sa musique dans le mouvement qu'il lui a assigné.

---

(1) Il est reconnu que la vitesse a beaucoup augmenté dans ces derniers temps, ce à quoi il faut bien prendre garde quand on exécute d'anciens ouvrages.

Il serait à désirer que les musiciens instruits ou traducteurs prissent la peine d'appliquer les indications métronomiques aux œuvres des grands maîtres qui en sont privées.

Questionnaire.

Qu'entend-on par Mouvement en terme de Musique ?

En combien de classes peut-on ranger les divers mouvements ?

Donnez la signification des mots italiens : Largo – Adagio etc... etc...

Qu'est-ce que le Métronome ?

Que signifient les indications suivantes :

Mét. 𝅗𝅥 = 50

Mét. ♩ = 80

Mét. ♪ = 120

etc. etc.... ?

17e LEÇON.

Sommaire : Ornements – Notes d'agrément ou petites notes – Appoggiature – Port de voix – Groupe – Gruppetto – Trille – Mordant.

Pour augmenter l'effet d'un passage, on emploie quelquefois des notes ou des signes qu'on appelle ornements ou agréments.

Les notes d'agrément nommées aussi notes de goût ou petites notes se placent avant ou après les notes principales, mais sans compter dans la valeur de la mesure.

On divise les notes d'agrément en plusieurs espèces dont les plus usitées sont :

L'Appoggiature, le Port de voix, le Groupe.

1° L'Appoggiature (1) est une note de goût sur laquelle on appuie avant de passer en coulant sur la note principale. Il y a deux sortes d'appoggiatures : la longue et la brève.

Dans l'appoggiature longue, l'accent tombe surtout sur l'ornement, qui prend à la note principale, dans une division paire, la moitié de sa valeur. Ex :

Si la note principale est suivie d'un point, ce qui arrive dans une division impaire, l'ornement prend à lui seul les deux tiers de la note principale.

(1) De l'italien appoggiare appuyer.

Si l'on doit faire entendre à la fois plusieurs notes, l'appoggiature se frappe en même temps que la note inférieure de l'accord.

N.B. quand le cas l'exige, les notes d'agrément sont dièsées ou bémolisées.

L'appoggiature brève ne prend à la note principale que le moins possible de sa valeur; pour la distinguer de l'appoggiature longue, on la traverse ordinairement d'une petite barre. Ex:

Cependant, dans quelques circonstances, il convient mieux de faire tomber l'accent sur la petite note, lorsque, par exemple, la note principale doit être d'une longue durée.

2° Le Port de voix est une sorte d'appoggiature qui suit ordinairement la note principale au lieu de la précéder; il prend sa valeur sur la note principale. Ex:

En général, l'appoggiature et le port de voix se placent un ton ou un demi-ton plus haut ou plus bas que la note principale; cependant, on les rencontre quelquefois à de plus grands intervalles ou sur le même degré.

N.B. Il faut avoir soin d'unir l'appoggiature à sa note principale par une ligne courbe ⌒ ou ⌣

La double appoggiature consiste en deux petites notes qui précèdent ou suivent la note principale, et lui empruntent une partie de sa valeur.

Lorsque la double appoggiature se trouve entre deux notes principales, elle emprunte sa valeur à chacune de ces deux notes.

2° Le Groupe est la réunion de plusieurs petites notes (au moins quatre) qui se placent tantôt avant, tantôt après la note principale, en lui prenant une partie de sa valeur.

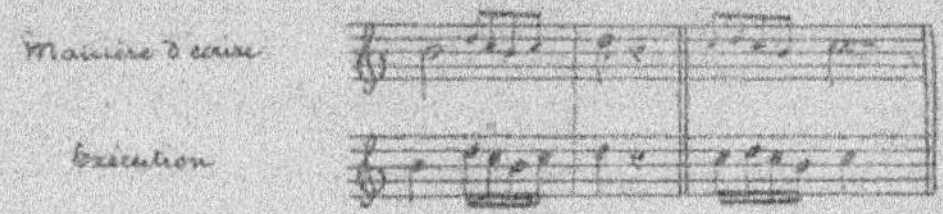

Les ornements qui se représentent par des signes sont : le gruppetto, le trille, le mordant.

1° Le Gruppetto ou Brisé ∾ ou ∽, consiste en un groupe de trois petites notes ; celle du milieu à l'unisson de la note principale, et les deux autres, un degré au dessus ou au dessous. Lorsque le signe du brisé présente son premier crochet en haut, (∽), la note supérieure est la première ; au contraire, lorsque le premier crochet est en bas (∾), la note inférieure est la première.

Si le brisé surmonte une seule note, il emprunte sa valeur à cette note, et se place ainsi :

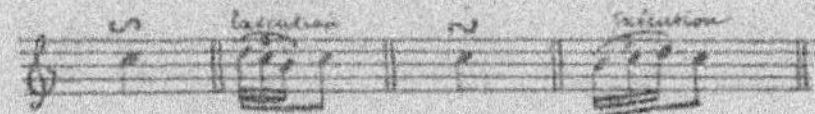

Si le brisé se trouve entre deux notes, il prend sa valeur à la première. Ex :

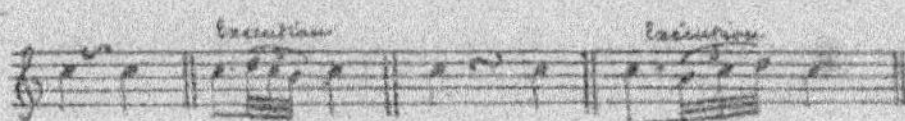

Lorsque la note supérieure doit être altérée, l'accident s'indique au dessus du signe ; si c'est la note inférieure, l'accident se place au dessous du signe.

Enfin, si les deux notes doivent être altérées, les accidents sont indiqués comme il suit :

2° Le Trille (1) est la répétition rapide et alternative d'une note avec celle qui lui est supérieure tantôt d'un demi-ton, tantôt d'un ton entier. Cet agrément se désigne par les deux lettres tr placées au dessus de la note principale. (2)

Le Trille peut commencer par la note principale ou par la note auxiliaire; il dure pendant toute la valeur de la note qu'il surmonte.

Le Trille peut être simple ou double.

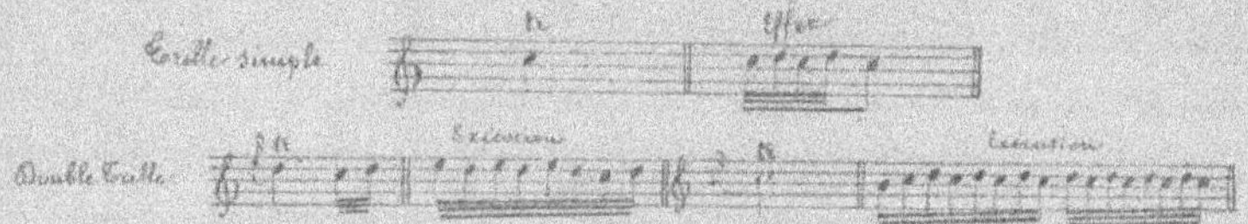

Quand il se rencontre des notes d'agrément, comme ci-dessus, elles se lient toujours avec le Trille dans l'exécution; mais si elles se trouvent à la terminaison, on ralentit un peu le mouvement en y arrivant, afin de mieux faire ressortir l'attaque de la note suivante.

On augmente quelquefois graduellement la vitesse du Trille.

N.B. On fait suivre le signe tr d'une ligne tremblée tr~~~~~ lorsque le Trille doit durer longtemps.

3° Le Mordant est une espèce de trille très bref qui a pour résultat de diviser une note principale en trois petites notes: la première et la troisième sur le degré de la note principale, et celle du milieu sur le degré supérieur ou inférieur.

Le Mordant s'indique par le signe [illegible].

(1) Nommé autrefois cadence, mot qui ne convient pas pour désigner le Trille.

(2) Dans l'ancienne musique, au lieu des lettres tr, on trouve une croix +.

En général, dit Mr Kastner que nous avons pris pour guide dans cette Leçon, il n'est guère possible d'établir des règles bien précises relativement à l'exécution des ornements, car ils sont susceptibles de plusieurs modifications qui sont déterminées par le goût et l'expression (1)

Questionnaire.

Qu'entend-on par Notes ou Signes d'agrément ?
Combien de sortes de Notes d'agrément ?
Nommez-les.
Qu'est-ce que l'Appoggiature ?
Quelle différence entre l'Appoggiature longue et la brève ?
Qu'est-ce que le Port de voix ?
Qu'est-ce que la Double appoggiature ?
Qu'est-ce que le Groupe ?
Combien de sortes de signes d'Ornement ? Nommez-les.

Qu'est-ce que le Gruppetto ou Brisé ?
Par quel signe l'indique-t-on ?
La position du premier crochet de ce signe ∾ est-elle indifférente ?
Comment indique-t-on l'altération de la note supérieure ou de la note inférieure d'un Brisé ?
Comment se marquent les altérations qui peuvent affecter à la fois la note supérieure et la note inférieure ?
Qu'est-ce que le Trille ? — Qu'est-ce que le Mordant ?

18e LEÇON.

Sommaire : Expression — Accent — Nuance — Termes italiens indiquant l'expression — Signes d'expression — Crescendo — Decrescendo. Legato &c.

On donne le nom d'expression à un mélange de douceur et de force, à une gradation ou dégradation d'intensité que les sons peuvent présenter ; non pas que les sons aient toujours pour objet d'exprimer ou des idées ou des sentiments, mais l'art de les bien ménager a pour effet de nous émouvoir plus ou moins vivement.

L'expression est du domaine du soliste vocal ou instrumental.

« L'accent musical consiste à donner plus de relief, d'énergie à une note particulière de la mesure, du rhythme, de la phrase, soit en articulant cette note plus fortement, soit en lui donnant une valeur de temps plus grande, soit en la détachant des autres par une intonation très distincte au grave ou à l'aigu. Ces différentes sortes d'accent musical appartiennent à la mélodie pure ; on peut en tirer d'autres de l'harmonie en commettant

(1) Les Compositeurs feraient peut-être bien de renoncer à ces abréviations qui, tendant à rendre leur pensée, exposent leur musique à être dénaturée.

plusieurs instruments pour donner plus de force et d'éclat à certaines notes ([illegible]).

L'accent musical peut être indiqué par des signes particuliers.

L'accent pathétique est une modification qu'éprouve le son de la voix sous une impression vive de l'âme. Cet accent n'est pas susceptible d'être précisé par des signes, il dépend de la plus ou moins grande sensibilité de l'exécutant.

La nuance est l'expression collective des masses vocales ou instrumentales. C'est par la nuance que les grands maîtres déterminent pour ainsi dire les lumières et les ombres du tableau musical.

Bien phraser, en terme de musique, c'est présenter la période musicale avec élégance et la conduire avec art jusqu'à sa conclusion. L'exécutant qui ne sait voir et rendre que les notes, les sons, les temps, sans tenir compte de l'expression ni des nuances, sans entrer dans le sens des phrases, quelque sûr, quelque exact qu'il puisse être, reçoit la qualification assez pittoresque de croque-notes.

L'expression s'indique par des termes italiens, souvent écrits en abrégé, ou par des signes.

Termes italiens indiquant l'expression

P	piano	doux	Decresc	decrescendo	en diminuant la force peu à peu
P.P.	pianissimo	très doux	Dimin	diminuendo	
F.	forte	fort	Cal	Calando	
F.F.	fortissimo	très fort	Smorz	smorzando	en mourant, en éteignant le son
mf.	mezzo-forte	avec une force moyenne	Perdend	perdendosi	
poco f.	poco forte	un peu fort	Morend.	morendo	
sfz.	sforzando	en donnant de la force	f p	forte-piano	le premier son très fort et les suivants très doux
rinf. ou rfz.	rinforzando		Scherzando	en badinant	
m. v.	mezza voce	à demi voix	Dol	dolce doux	[illegible]
Sotto voce			Dolcissimo		très doux
Cresc.	crescendo	en augmentant la force peu à peu	Con espress.	con espressione	avec expression

Nous ajouterons quelques termes spécialement destinés aux instruments à archet.

pizzic	pizzicato	en pinçant les cordes	sul ponticello	près du chevalet
Con sordini	avec les sourdines		Vibrato	en faisant vibrer le son avec force
C.A. col'arco	avec l'archet		Staccato	détaché etc. etc.

Les signes d'expression sont :

Le crescendo <, le decrescendo > dont nous connaissons la signification. Le sforzando se place quelquefois ainsi ∧ sur la note et marque un accent énergique.

La réunion de ces deux signes <> indique qu'il faut enfler graduellement le son jusqu'à la moitié de la valeur de la note, et le diminuer ensuite dans la même proportion, c'est ce qu'on appelle filer un son.

Quand la réunion de ces deux signes prend la forme suivante: >< il faut diminuer graduellement le son jusqu'à la moitié de la valeur et ensuite augmenter proportionnellement.

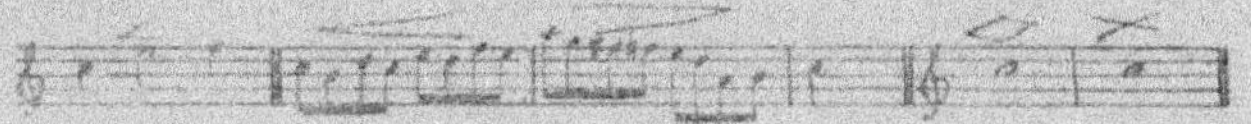

Le legato ou coulé ⌒ Ce signe se place sur les notes qui doivent être liées ou coulées.

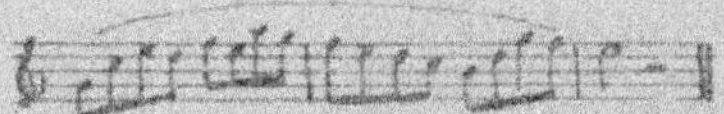

Le staccato (détaché). Ce signe a pour objet de faire détacher les notes l'une de l'autre. Les notes à détacher sont surmontées de petits points.

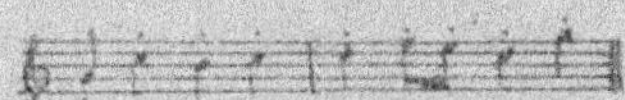

Une autre espèce de staccato qu'on nomme piqué, indique qu'il faut attaquer la note avec plus de force et de chaleur. Le piqué se désigne par un point allongé vers le bas:

Le staccato et le coulé peuvent se rencontrer réunis; ils sont ainsi employés principalement pour les instruments tels que le violon etc. Il faut alors détacher les notes et cependant les exécuter toutes du même coup d'archet.

Si l'on trouve la liaison et le staccato sur une longue ou sur plusieurs brèves, liées ensemble, il faut bien faire sentir chaque temps de la mesure.

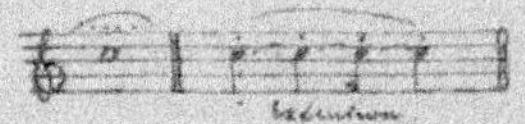

Questionnaire.

Qu'est-ce que l'expression ?

Qu'est-ce que l'accent musical ?

Qu'est-ce que l'accent pathétique ?

Qu'est-ce que bien phraser ?

Traduisez les termes d'expression : piano, forte, fortissimo etc. etc.

Quel est le signe du crescendo et du decrescendo ?

Quel est le signe du legato ? – son usage ?

Quel est le signe du staccato ? – son usage ?

Comment marque-t-on le piqué ?

Que signifient le staccato et le coulé réunis ?

Que doit-on observer quand le staccato et la liaison sont sur une note longue ou sur plusieurs brèves ?

19e LEÇON.

Sommaire : Signes d'abréviation. – Renvoi. – Reprise. – Da capo. – Bis. Notes abrégées. – Tremolo. – Accords. – Batteries. – Arpèges. etc. – Solfège. – Chant. – Vocalises. – Méthodes.

On peut abréger la notation par certains signes dont nous allons donner les plus usités :

𝄋 Fin al Segno (au signe) 𝄋 Da Capo ou D.C.

1er Renvoi 2e Renvoi Reprise simple Reprise double

Le premier renvoi avertit qu'on en trouvera un second (al segno 𝄋) après lequel il faut retourner à son correspondant 𝄋, et de là, aller jusqu'aux deux barres surmontées du mot Fin.

Dans la reprise, deux points à gauche des deux barres indiquent qu'il faut recommencer ce qui précède. Deux points à droite indiquent qu'il faut répéter la partie suivante. Deux points à droite et à gauche avertissent d'exécuter deux fois ce qui précède et deux fois ce qui suit.

Da capo (par abréviation D.C., de la tête) signifie qu'il faut reprendre au commencement.

Si dans la répétition d'une partie on doit omettre une ou plusieurs mesures de la fin, et y suppléer par d'autres mesures, on marque ce changement de la manière suivante :

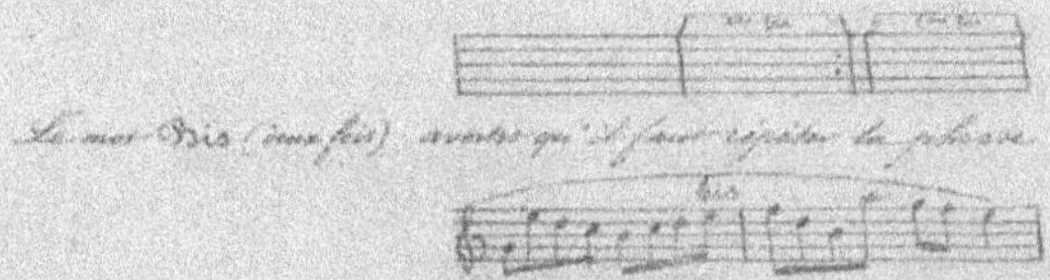

Le mot Bis (deux fois) avertit qu'il faut répéter la phrase.

Les groupes semblables de notes peuvent être écrits d'une manière abrégée, comme nous l'indiquons dans les exemples suivants :

On appelle tremolo (tremblement) un certain effet qu'on produit sur les instruments à archet en faisant succéder les vibrations d'une ou de plusieurs cordes avec tant de rapidité, que l'oreille ne remarque aucune solution de continuité.

Accords.

On écrit à leur place respective les différents sons qui composent l'accord.

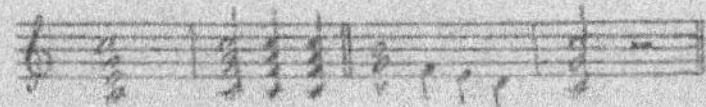

Comme la voix ne peut émettre qu'un seul son à la fois, plusieurs notes superposées dans un morceau de chant, indiquent qu'il y a différentes parties vocales.

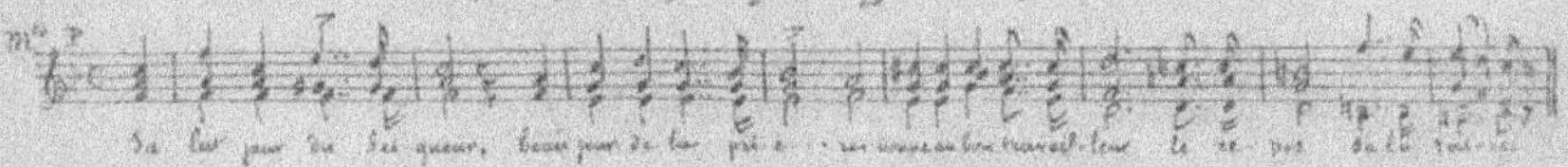

Lorsque deux notes appoggiatures se rencontrent dans un solo de chant (1), le chanteur est libre à l'exécution de dire la note la plus favorable à sa voix.

Arpèges.

L'arpège (2) est un accord dont les sons se succèdent rapidement au lieu d'être frappés tous à la fois.

Arpèges

La batterie est une sorte d'arpège dont les notes extrêmes sont moins éloignées et qui présentent un certain son de l'accord revenant plus fréquemment que les autres. La batterie contient des notes de plusieurs accords, ce qui la distingue de l'arpège qui ne renferme que les notes d'un même accord; elle emploie même des notes de passage qui ne sont pas dans l'harmonie.

Batteries

Quand une blanche est groupée avec des croches, des doubles croches, etc. il faut soutenir le son pendant toute la valeur de cette blanche. Il en est de même pour la noire groupée avec des croches ou doubles croches. (La noire a une seconde queue en sens inverse.)

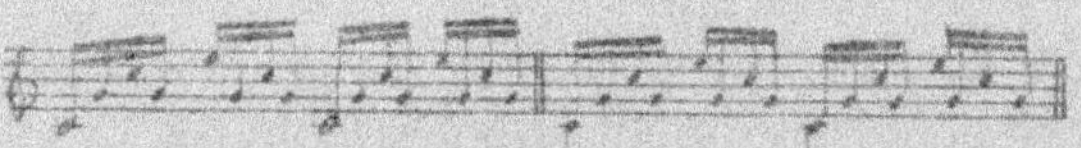

On place quelquefois devant un accord un des signes ⸢ ou ⸣ qui indique un arpège très rapide dont toutes les notes sont tenues dès qu'elles ont été frappées. Cet effet s'appelle acciacatura (écrasement).

(1) Solo, seul, terme italien qui signifie qu'une seule partie doit se faire entendre. Se dit aussi de deux ou trois parties chantant à la fois, on écrit Solo. — Tutti (tous) toutes les parties ensemble.

(2) Ce mot est tiré de l'italien arpa (harpe). Cet instrument ne donnant que des sons qui ne tiennent pas, on est obligé de faire résonner les notes les unes après les autres pour les prolonger, et former ainsi une masse d'harmonie.

A la fin d'une partie on trouve quelquefois le signe [illegible] comme qui en dirait que la partie suivante commencera par une note placée sur le signe ou [illegible].

Voici encore quelques termes italiens qu'on rencontre dans les morceaux :
attacca subito, attaquez tout de suite ; volti subito, tournez tout de suite ; segue, suivez, [illegible]

Les principes que nous avons exposés jusqu'ici reçoivent leur première application dans des ouvrages spéciaux qu'on nomme solféges ou méthodes.

Les solféges sont des livres élémentaires contenant des exercices dans lesquels on chante les notes en les nommant, c'est ce qu'on appelle solfier. Ils traitent aussi de tous les principes relatifs à l'intelligence et à la théorie de la musique (1).

Le chant est une modification de la voix humaine par laquelle on forme des sons variés et appréciables, c'est-à-dire dont on peut trouver l'unisson et calculer les intervalles.

Le chant appliqué plus particulièrement à notre musique, est la partie mélodique, celle qui résulte de la durée et de la succession des sons, celle d'où dépend toute l'expression et à laquelle tout le reste est subordonné ; enfin dans son sens le plus restreint, chant se dit seulement de la musique vocale.

La vocalisation est l'art de diriger la voix dans le mécanisme du chant, au moyen d'exercices exécutés sur les voyelles a ou é ; ce travail est nécessaire au perfectionnement du chant, après les études de solfège. On nomme vocalises les leçons composées pour atteindre ce but.

Les méthodes pour les instruments renferment également les principes et les exemples qui ont pour effet de faire parcourir progressivement à l'élève toutes les difficultés de l'instrument qu'il veut apprendre.

Dans la musique vocale on dit qu'un chanteur a une belle voix, excellente méthode, pour exprimer que des études fortes, habilement dirigées, ont développé, assoupli son organe et l'ont rendu propre à l'exécution des plus grandes difficultés.

---

(1) Le mot solfège vient de l'italien solfeggio, leçon pour solfier. Le mot solfier a été formé des deux notes extrêmes de la gamme sol la, si, ut, ré, mi, fa (sol fa).

Solfège, solfier ont pour synonymes les mots solmisation, solmiser qui désignaient les notes suivant le système hexacordal de Guido : sol la, si, ut, ré, mi (sol mi).
Les solfèges les plus estimés sont : les solfèges d'Italie, du Conservatoire, de Rodolphe, de Cherubini, de Panseron, etc.

Questionnaire.

Qu'indique le Signe 𝄋 ?
Que signifient les deux points à gauche d'une double-barre ? — les deux points à droite ? — les deux points à droite et à gauche ?
Expliquez l'expression Da capo — Le mot Bis
Comment écrit-on en abrégé 4 Noires ? — 4 Croches ? — 8 Croches ? — 4 Doubles-croches ? — 8 Doubles-croches ? — 16 Doubles-croches ?
Qu'indique une barre oblique dans la portée ?
etc. .. etc. ..

Qu'est-ce que le Tremolo ?
Comment place-t-on les Notes d'un accord ?
Que signifient plusieurs notes superposées dans une partie de chant ?
Qu'est-ce qu'un arpège ? — une Batterie ?
Qu'indique le Signe 8va ?
Expliquez les expressions : attacca subito — Volti subito — Segue etc. etc.
Qu'est-ce qu'un Solfége ?
Qu'est-ce que le Chant ? — la Vocalisation ?

20e LEÇON.

Sommaire : De la Voix. — Soprano. — Contralto. — Ténor. — Baryton. Basse. — Clefs affectées aux différentes voix. — Étendue des voix.

On définit la voix en physiologie, le son produit par le mouvement du larynx au moment où l'air le traverse.

En musique, la voix est la somme de tous les sons appréciables que l'homme peut produire en chantant.

Les diverses qualités des voix peuvent se réduire à six, comme il suit :

1° La voix aiguë de femme	Soprano ou 1er Dessus
2° Voix intermédiaire	Mézzo Soprano ou 2e Dessus
3° La voix grave de femme	Contralto
4° La voix aiguë d'homme	Ténor, Taille
5° Voix intermédiaire	Baryton
6° La voix grave d'homme	Basse ou Basse-taille

La haute-contre est une espèce de contralto que quelques chanteurs possèdent ; on n'écrit plus pour cette voix extrêmement rare.

Les voix d'enfants appartiennent au premier et au second soprano.

La Basse-taille, par son caractère mâle et imposant, est vraiment la voix de l'homme par excellence.

Les voix d'homme très graves prennent le nom de basse-contre ou contre-basse.

L'ensemble de toutes ces voix réunies donne quatre octaves.

Anciennement, les clefs affectées aux différentes voix étaient celles-ci :

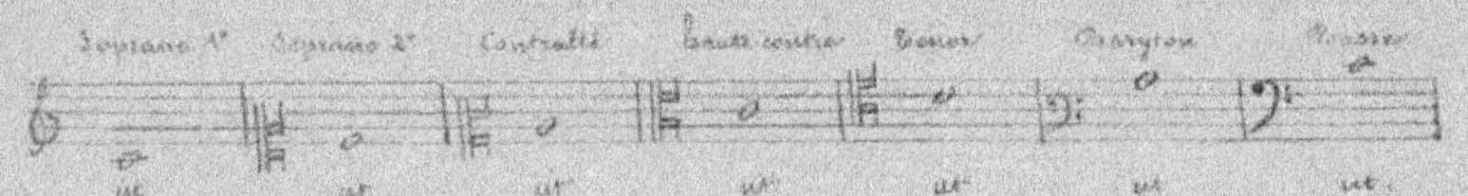

Il est à remarquer que la succession des clefs placées de la manière suivante :

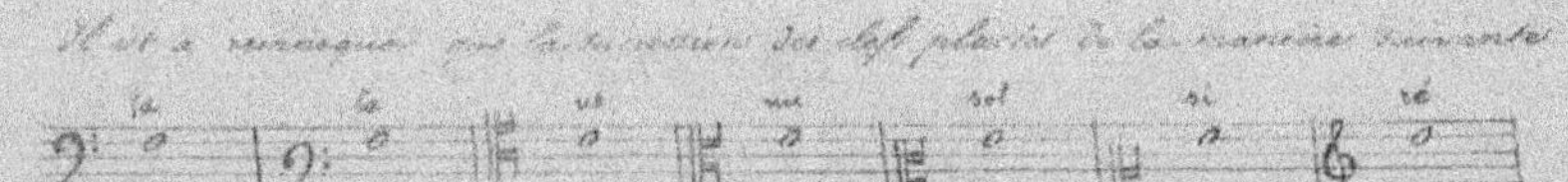

offre une progression de tierces ascendantes.

Cette disposition des clefs pour représenter chaque genre de voix avait pour avantage de renfermer la notation dans les limites de la portée.

Actuellement, on écrit les parties de

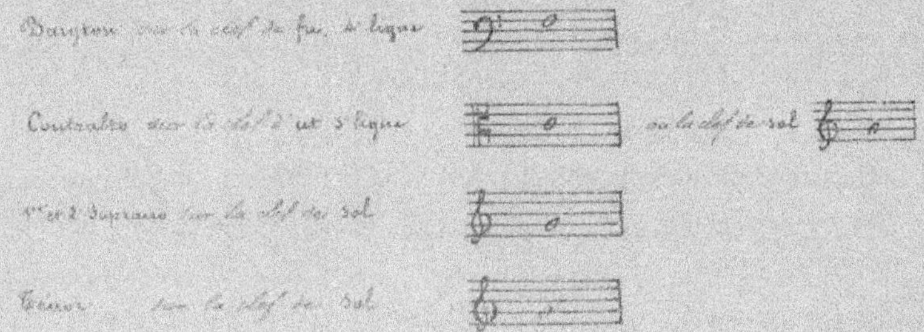

Ténor sur la clef de sol

Les voix aiguës d'homme étant par l'effet de leur conformation plus graves d'une octave que les voix aiguës de femmes, on peut se servir de la clef de sol pour le ténor et le soprano, en laissant à la nature le soin d'opérer la différence des octaves.

7e

Étendue ordinaire des Voix

Questionnaire.

Donnez une définition de la Voix.

Combien de sortes de voix ?

Nommez les voix de femmes.

Nommez les voix d'hommes.

A quelle classe appartiennent les voix d'enfants ?

Quelle est l'étendue de toutes ces voix réunies ?

Quelles étaient anciennement les clefs affectées aux différentes voix ?

Quelle progression offre la succession des clefs placées ainsi : clef de fa 4e ligne — clef de fa 3e ligne — clef d'ut 4e, 3e, 2e, 1re ligne — clef de sol ?

Quel était l'avantage de cette disposition des clefs ?

Sur quelles clefs écrit-on actuellement les parties de Baryton ? — de Contralto ? — de 1er Soprano ? — de 2e Soprano ? — de Ténor ?

Donnez l'étendue ordinaire de chaque voix.

Table des matières

Erratum : page 3, ligne 16, au lieu de : du second mi ? lisez : du premier mi ?

www.ingramcontent.com/pod-product-compliance
Ingram Content Group UK Ltd.
Pitfield, Milton Keynes, MK11 3LW, UK
UKHW022118260726
13993UKWH00003B/1096

9 782329 212838